完美胎教 40周

汇集专家智慧
养出健康聪明宝宝 | 打造智慧与趣味并存的孕期生活

滕 红 ◎ 主编

吉林科学技术出版社

图书在版编目（CIP）数据

完美胎教40周：打造智慧与趣味并存的孕期生活 / 滕红主编. -- 长春：吉林科学技术出版社，2015.1
　ISBN 978-7-5384-8730-5

Ⅰ.①完… Ⅱ.①滕… Ⅲ.①胎教－基本知识 Ⅳ.①G61

中国版本图书馆CIP数据核字（2014）第302171号

完美胎教40周：打造智慧与趣味并存的孕期生活
Wanmei taijiao sishizhou dazao zhihui yu quwei bingcun de yunqi shenghuo

主　　编	滕　红
编　　委	张海媛　史颖超　李玉兰　黄建朝　高亭亭　孙灵超　张志军　曾剑如
	孟　坤　陈　涤　刘力硕　杨丽娜　黄艳素　张　羿　杨志强　张　伟
	陈　勇　黄　辉　夏卫立　张海斌　邃　莹　刘波英　王雪玲
出 版 人	李　梁
特约策划	张海媛
策划责任编辑	孟　波　杨超然
执行责任编辑	任思诺
封面设计	长春市一行平面设计有限公司
开　　本	780mm×1460mm　1/24
字　　数	300千字
印　　张	10
印　　数	1—7000册
版　　次	2015年4月第1版
印　　次	2015年4月第1次印刷
出　　版	吉林科学技术出版社
发　　行	吉林科学技术出版社
地　　址	长春市人民大街4646号
邮　　编	130021
发行部电话/传真	0431-85635177　85651759
	85651628　85635176
储运部电话	0431-84612872
编辑部电话	0431-85659498
网　　址	www.jlstp.net
印　　刷	沈阳新华印刷厂

书　　号	ISBN 978-7-5384-8730-5
定　　价	35.00元

如有印装质量问题　可寄出版社调换
版权所有　翻印必究　举报电话：0431-85659498

前言

"老公我怀孕了"老婆莞尔地说。

"真的吗？你确定我要当爸爸了吗？"丈夫兴奋地问。

"太好了，这简直是我们家的头等大喜事。"公婆高兴地说。

"这是一件好事，你得多多注意保养，孩子才能长得好。"爸妈叮嘱地说。

如此温馨的情景是许多家庭都曾遇到或者梦想遇到的吧！或许每个人的表达方式不同，但都传递出了相同的喜悦与爱。的确，怀孕确实是一件让人兴奋的事，特别是初次怀孕的小夫妻，更是被浓浓的爱意紧紧包围。

现如今，人们接触到的信息越来越多，思想也越来越超前，无论老人还是年轻人都意识到了优生优育的重要性。我们不得不承认这确实是一件好事。这意味着，我们的下一代会接受更加科学、系统的教育，对他们的未来有着莫大的助益。有句话说得好"教育要从娃娃抓起"，但我要说"教育要从胎宝宝抓起"，确切地说应该从备孕期开始。当优质的精子与优质的卵子相遇时，才能结合成优质的受精卵，优质的受精卵在优良的母体环境中才能健康生长，随着受精卵不断发育，胚胎逐渐转化成胎宝宝，小家伙开始形成自己的思想，能听、能闻、能动、能看……如果在这一过程中，将科学的教育渗透其中，胎宝宝出生后的各项表现均会与众不同。这就是西方国家一致提倡的"胎教"。

其实，就胎教这门科学来说，并非西方先哲们发明创造，早在数百年前，我们的老祖宗就对此有了相关的阐述，这也是我国胎教理论的发展基础。随着信息化社会的不断发展，现代化的胎教理论囊括了中西文化的特点，使其更加完善、更加科学、种类更加繁多，其中包括音乐胎教、营养胎教、语言胎教、环境胎教、情绪胎教、运动胎教、抚摩胎教、美育胎教、光照胎教、斯瑟蒂克胎教。在如此丰富的胎教形式中，不仅胎宝宝会受益匪浅，孕妈妈也会从中找到乐趣，丰富孕期生活，让孕期的幸福值大于艰辛值！

在此，我们诚心地祝愿普天之下的所有孕妈妈能从本书中受益，从本书中找到生活乐趣，从本书中提前体会到与胎宝宝亲密接触的幸福感！

滕 红

2015 年 04 月

亲爱的读者朋友们：

大家好！

我是梅朵，是本书的特约模特，也是一名书评人，我代表女儿和先生向读者朋友们问好。两年前，当本书的出版人找到我参与图片拍摄时，其实我是有些犹豫的，出于职业习惯我对图书质量有着极高的专业要求，我担心本书内容理论依据不足，给读者造成误导，但当出版人将初稿拿给我看时，文稿中流畅的文笔、有理有据的内容给我吃了一颗定心丸，就此决定参与图片拍摄，现在看来我的决定是对的，希望这本书能惠及更多的孕妈妈！

做新新妈妈的时代来临啦！

什么是新新妈妈？

对于80、90后的人们来说，视野开阔了，知识量大了，文化素养高了，敢于对老一辈的教育模式提出质疑了，对新时代的教育理念更容易接受了，这就是第一个新的寓意，而后面的新妈妈也就不言而喻了，既指孕期又包含初产期的妈妈们。

关于我们……

专家团队：

滕红，从事妇产科临床工作二十余年，曾发表多篇论文，出版孕产育儿类书籍多部，观点鲜明，语言优美，颇受年轻父母的喜爱。同时，其良好的医德在孕产妇中间口口相传。

艺术创作团：

金牌摄影师：任兴立、刘计

特约模特：梅朵、于悦洋、张海斌

化妆师：予墨

我们的目的……

"胎教"自古有之，我国的老中医早在多年前就将养胎的营养、行为等要求记录到中医众多典籍中，由此可见"胎教"已不再是个新话题。而新时代的医者们赋予了胎教更全面的意义，不仅对孕妈妈的营养行为方面加以规范，更注重于孕期女性的心理建设，做到身、心健康，胎宝宝才能发育良好。本书则从这一角度出发，力求把新时代的胎教理念发挥得淋漓尽致。

幸福生活从这里开始！

祝普天之下所有的孕妈妈、新妈妈健康多多、幸福满满；愿未出生及已出生的宝宝们健康多多、智慧满满！

目录

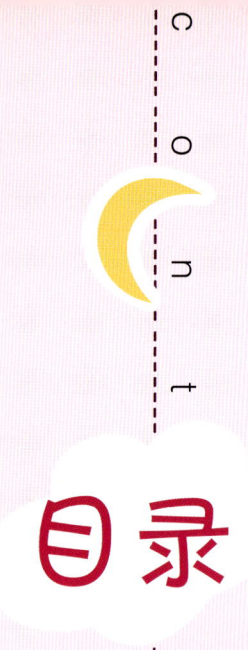

叩响胎教之门——听专家讲理论 / 17
胎教并不神秘，它有较强的科学性 / 18
- 胎教古已有之 / 18
- 抓住胎宝宝发育关键期有针对性地实施胎教 / 19

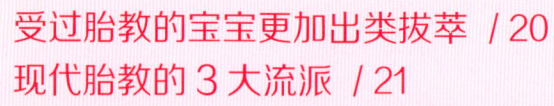

受过胎教的宝宝更加出类拔萃 / 20
现代胎教的 3 大流派 / 21
- 中国学派 / 21
- 欧美学派 / 21
- 日本学派 / 21

胎教不可肆意为之 / 22
- 掌握胎教开始的最佳时间 / 22
- 不能盲目选择胎教方案，陷入胎教误区 / 22
- 实施胎教要有度且懂得变通 / 22

最科学的 10 大胎教方式 / 24
开始胎教吧：制订属于自己的胎教计划 / 26
特别关注：孕期产检项目细安排 / 27

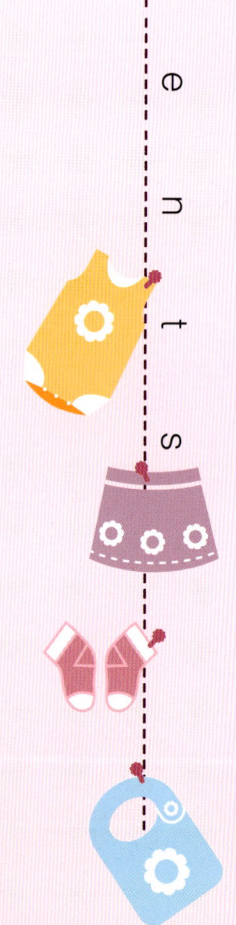

Part 1

孕1月
在甜蜜的爱河里，小夫妻共同努力播下了生命的种子 / 31

特别关注：孕期产检项目细安排 / 27

第一周　宝贝你在哪儿 / 32
- 情绪胎教——做好受孕的准备 / 34
- 运动胎教——散步 / 34
- 营养胎教——多吃助孕美食 / 35

第二周　等待值得庆祝的时刻 / 36
- 营养胎教——补充叶酸 / 37
- 音乐胎教——科学选择胎教音乐 / 38
- 语言胎教——《面朝大海，春暖花开》/ 39
- 给准爸爸的小叮咛——为妻子布置一个温馨舒适的环境 / 39

第三周　新生命就要诞生了 / 40
- 情绪胎教——时刻保持好心情 / 41
- 运动胎教——活动颈肩部，提高身体活力 / 42
- 趣味胎教——学画简笔画"小白兔" / 43
- 给丈夫的小叮咛——让妻子体会到你的关心与爱护 / 43

第四周　受精卵已"安营扎寨" / 44
- 情绪胎教——慢慢适应角色的转变 / 45
- 环境胎教——撤掉室内的地毯 / 45
- 语言胎教——《猴子捞月亮》/ 46
- 营养胎教——注意饮食结构，选择开胃、易消化的食物 / 47
- 给准爸爸的小叮咛——避免性生活 / 47

Part 2

孕2月 能明显感觉到胎宝宝的存在，幸福感由此而生 /49

第五周 好小的胚胎 /50

营养胎教——抗辐射从饮食开始 /51
情绪胎教——为孕妈妈打造一个好的情绪氛围 /51
运动胎教——手臂、骨盆倾斜与环绕运动 /52
音乐胎教——经典胎教音乐欣赏《紫丁香》 /53
对话胎教——与胎宝宝畅谈一番 /53
语言胎教——欣赏幼儿童话故事《小熊过桥》 /54
美育胎教——欣赏名画《梦》 /55
给准爸爸的小叮咛——告诉胎宝宝"爸爸爱你" /55

第六周 小心脏开始扑通扑通地跳 /56

营养胎教——多吃含锌量高的食物 /57
美育胎教——欣赏波兰诗人切·米沃什的《美好的一天》 /58
音乐胎教——《森林中的一夜》 /59
给准爸爸的小叮咛——协调好工作与妻子的双重重任 /59

第七周 切实像个"小海马" /60

情绪胎教——摆脱消极情绪 /61
营养胎教——巧吃食物，抵抗孕吐 /62
语言胎教——让胎宝宝听到妈妈的声音 /63
给准爸爸的小叮咛——与胎宝宝多多交流 /63

第八周 像葡萄一样大的"小动物" /64

营养胎教——吃不下时，不必勉强自己 /65

- 环境胎教——装点家居，美化心情 / 65
- 运动胎教——踏步运动 / 66
- 美育胎教——名画欣赏《缠毛线》 / 67
- 给准爸爸的小叮咛 / 67

Part 3 孕3月 小豆芽长成了胎宝宝，正式吹响生命的号角 / 69

第九周 小尾巴消失了 / 70

- 情绪胎教——学会应对不良情绪的方法 / 72
- 营养胎教——巧吃水果补营养 / 73
- 音乐胎教——欣赏蒙古《摇篮曲》 / 74
- 语言胎教——诗朗诵《致大海》 / 74
- 对话胎教——为胎宝宝介绍一天的生活 / 75
- 给准爸爸的小叮咛——做好孕妈妈的开导工作 / 75

第十周 看上去更像个小人了 / 76

- 情绪胎教——改善因失眠造成的焦躁问题 / 77
- 营养胎教——孕期喝水学问多 / 77
- 音乐胎教——欣赏胎教名曲《妈咪的怀抱里》 / 78
- 语言胎教——《深笑》 / 78
- 美育胎教——画出宝宝的小模样 / 79
- 给准爸爸的小叮咛——照顾好妻子 / 79

第十一周 动来动去的小可爱 / 80

- 情绪胎教——向胎宝宝传递正能量 / 81
- 营养胎教——科学补充维生素A / 81
- 音乐胎教——为胎宝宝献上一支《拍手歌》 / 82
- 趣味胎教——折只小狗给宝宝 / 83

第十二周 小家伙会打哈欠了 / 84

- 运动胎教——颈背部放松 / 85
- 美育胎教——欣赏名画《农民的婚礼》 / 86
- 语言胎教——欣赏《我为少男少女们歌唱》 / 87
- 给准爸爸的小叮咛——陪妻子去产检 / 87

Part 4

孕4月 胎宝宝已经可以在孕妈妈的腹中做各种动作，做好一切准备，迎接最幸福的亲子时刻吧 / 89

第十三周 宝贝越来越漂亮 / 90

- 营养胎教——大量补充蛋白质 / 91
- 环境胎教——为胎宝宝打造舒适的温床 / 91
- 音乐胎教——为胎宝宝举办一场音乐会 / 92
- 趣味胎教——折只纸鹤送宝宝 / 93
- 给准爸爸的小叮咛——性生活不可强求 / 93

第十四周 人的特征更加明显了 / 94

- 营养胎教——巧烹调，留住大营养 / 95
- 运动胎教——山立式健身操 / 96
- 抚摸胎教——与胎宝宝亲密接触 / 97
- 音乐胎教——欣赏胎教纯音乐《听海》 / 97
- 知识胎教——推荐给孕妈妈的几本好书 / 98
- 语言胎教——为胎宝宝朗读经典童话故事《三个和尚》 / 99

第十五周 看！他在打嗝 / 100

- 营养胎教——常吃干果为胎宝宝的大脑发育助力 / 101
- 营养胎教——拒绝暴饮暴食 / 102
- 环境胎教——到大自然中欣赏美景 / 102
- 音乐胎教——《春之声圆舞曲》 / 103

第十六周 宝贝学会了自娱自乐 / 104

- 音乐胎教——《蜗牛与黄鹂鸟》 / 105
- 抚摸胎教——与胎宝宝玩触压、拍打游戏 / 106
- 运动胎教——孕中期体操 / 106

- 趣味胎教
——手影游戏《做个小狗汪汪叫》/ 107
- 给准爸爸的小叮咛
——提醒妻子保持正确的坐姿 / 107

Part5 孕5月 胎宝宝的听觉系统形成了，进入母子互动的黄金期 / 109

第十七周 小小"窃听者" / 110
- 情绪胎教——预防孕期抑郁 / 111
- 营养胎教
——慎用人参安胎 / 111
- 语言胎教
——欣赏泰戈尔的《孩童之道》/ 112
- 趣味胎教——学习剪纸 / 113
- 给准爸爸的小叮咛
——为妻子减负 / 113

第十八周 美妙的胎动 / 114
- 音乐胎教
——欣赏海涅的《乘着歌声的翅膀》/ 115
- 营养胎教——科学用油 / 116
- 故事胎教——《拇指姑娘》/ 116
- 语言胎教——朗诵《雨巷》/ 118
- 运动胎教——下蹲练习 / 119
- 给准爸爸的小叮咛
——做个积极主动的好丈夫 / 119

第十九周 胎宝宝会"尿尿"了 / 120
- 营养胎教
——预防便秘，从饮食开始 / 121
- 音乐胎教
——欣赏舒伯特的《小夜曲》/ 121
- 趣味胎教——手影游戏《小兔子》/ 122
- 语言胎教——《拔萝卜》/ 123

第二十周 能感受到外面的亮光 / 124
- 音乐胎教——聆听《吉檀迦利》/ 125
- 营养胎教——尽量不吃以下食物 / 125
- 趣味胎教——给小牛涂颜色 / 126
- 运动胎教——缓解腰酸背痛 / 127
- 美育胎教
——欣赏名画《向日葵》/ 128
- 语言胎教
——欣赏戴望舒的诗歌《寻梦者》/ 129
- 给准爸爸的小叮咛
——帮妻子测胎心 / 129

Part 6

孕6月 胎动更加频繁了，小"捣蛋"可以回应孕妈妈的抚触，进入胎教的尖峰时刻 /131

第二十一周　滑溜溜的小人 /132
- 营养胎教——吃鸡蛋也有讲究 /133
- 运动胎教——孕妇操《扭腰运动》/134
- 语言胎教——《致我的宝贝》/135
- 给准爸爸的小叮咛——用按摩来表达你的关心吧 /135

第二十二周　看起来像个小老头 /136
- 营养胎教——补钙不能被忽视 /137
- 音乐胎教——哼唱《数鸭子》/138
- 知识胎教——自然的奥秘 /138
- 趣味胎教——与胎宝宝一起搭积木 /139
- 给准爸爸的小叮咛——学会赞扬和倾听 /139

第二十三周　牙胚开始发育喽 /140
- 情绪胎教——让生活更精彩 /141
- 故事胎教——《丑小鸭》/142
- 音乐胎教——聆听《安妮的仙境》/143
- 美育胎教——欣赏名画《小园丁》/143
- 给准爸爸的小叮咛——陪妻子去参加孕妈妈培训班 /143

第二十四周　越来越调皮了 /144
- 抚摸胎教——轻轻地抚摸宝宝 /145
- 营养胎教——全面补充营养 /145
- 音乐胎教——观赏音乐剧《音乐之声》/146
- 运动胎教——脚部运动 /146
- 趣味胎教——折只百合 /147
- 给准爸爸的小叮咛——当好专职司机 /147

Part 7

孕7月 自主神经活动加强，与胎宝宝尽情互动，感受腹中鲜活的生命力 /149

第二十五周　胎宝宝能区分明暗了 /150
- 营养胎教——食用香料需谨慎 /151
- 光照胎教——用手电筒照射孕妈妈的腹部 /151
- 抚摸胎教——抚腹也得讲究方法 /152
- 运动胎教——按摩内脏放松术 /153

- 第二十六周　脊柱越来越坚固了 / 154
  - 营养胎教——孕期吃鱼有讲究 / 155
  - 语言胎教——《小红帽》 / 156
  - 趣味胎教——简笔画 / 158
  - 运动胎教——学习拉梅兹放松法 / 159

- 第二十七周　看得更真切了 / 160
  - 营养胎教
  - ——注意宝宝的味觉和嗅觉 / 161
  - 音乐胎教
  - ——勃拉姆斯的《第五号匈牙利舞曲》 / 161
  - 语言胎教——《星星银元》 / 162
  - 美育胎教
  - ——名画欣赏《小淘气》 / 163
  - 运动胎教——矫正骨盆运动 / 164
  - 趣味胎教——十字绣 / 165

- 第二十八周　胎宝宝占满了子宫 / 166
  - 语言胎教——《我有一个恋爱》 / 167
  - 美育胎教
  - ——名画欣赏《星月夜》 / 168
  - 运动胎教——练习腹式呼吸 / 169
  - 知识胎教——了解小动物 / 169
  - 给准爸爸的小叮咛
  - ——带动全家一起为胎教出力 / 169

Part 8

孕8月　小鼻子、小眼、小嘴巴……彩色多普勒超声检查中可见胎宝宝的五官长相，真可谓幸福满满 / 171

- 第二十九周　胎宝宝正在为出生蓄积能量 / 172
  - 营养胎教——合理安排饮食 / 173
  - 音乐胎教——《天鹅湖》 / 173
  - 语言胎教——《灰姑娘》 / 174

- 第三十周　观察自己的生存环境 / 176
  - 音乐胎教
  - ——欣赏《蓝色多瑙河圆舞曲》 / 177
  - 营养胎教
  - ——食用藻类DHA，降低早产发生率 / 177
  - 故事胎教——《豌豆上的公主》 / 178
  - 趣味胎教——对对联 / 179
  - 语言胎教——学儿歌 / 179

- 第三十一周　快速长胖 / 180
  - 营养胎教
  - ——清淡饮食，继续添加蛋白质和钙质 / 181
  - 语言胎教——《春天来了》 / 182
  - 美育胎教
  - ——欣赏名画《有香有色》 / 182
  - 趣味胎教
  - ——动手捏蓝鲸 / 183
  - 给准爸爸的小叮咛 / 183

🐦 **第三十二周** 胎宝宝开始调整姿势为分娩做准备 / 184

- 营养胎教——适当吃些玉米 / 185
- 知识胎教——太阳的秘密 / 185
- 音乐胎教
  ——学唱《卖报歌》/ 186
- 美育胎教——《松林的早晨》/ 187
- 语言胎教——《给爱恩斯》/ 188
- 运动胎教
  ——减轻腿部疼痛 / 189
- 给准爸爸的小叮咛
  ——帮助妻子解决腿部不适 / 189

Part 9

孕9月 胎宝宝能敏感捕捉孕妈妈的情绪，孕妈妈可要注意了，时刻保持良好心情，给胎宝宝提供安全感 / 191

🐦 **第三十三周** 指（趾）甲长出来啦 / 192

- 音乐胎教——《远航》/ 193
- 语言胎教
  ——朗诵泰戈尔的《太阳颂》节选 / 194
- 环境胎教
  ——学习为宝宝布置婴儿房 / 195
- 知识胎教——练习书法 / 195
- 给准爸爸的小叮咛
  ——外出时务必带好通信工具 / 195

🐦 **第三十四周** 身体完全倒过来了 / 196

- 营养胎教
  ——"三低"饮食保健康 / 197
- 音乐胎教
  ——学唱《雪绒花》/ 197
- 美育胎教——《干草车》/ 198
- 语言胎教——《田螺姑娘》/ 199

- 知识胎教——认识数字 / 200
- 运动胎教——跪式呼吸法 / 201

🐦 **第三十五周** 圆圆滚滚好可爱 / 202

- 营养胎教——科学喝牛奶 / 204
- 抚摩胎教——推动宝宝自己运动 / 204
- 语言胎教
  ——朗读卡里·纪伯伦的《论孩子》/ 205
- 给准爸爸的小叮咛
  ——帮妻子涂抹妊娠霜 / 205

🐦 **第三十六周** 随时都可能与妈妈见面 / 206

- 营养胎教——选择性地吃点小零食 / 207
- 情绪胎教——想象宝宝的模样 / 207
- 音乐胎教——欣赏《喜洋洋》/ 208
- 运动胎教
  ——进行运动需要注意的要点 / 208

- 对话胎教——与胎宝宝更多交流 / 208
- 故事胎教——《凿壁偷光》 / 210
- 语言胎教——《三字经》节选 / 210
- 美育胎教——《洗澡》 / 211
- 给准爸爸的小叮咛 / 211

Part10 孕10月 漫漫孕途就要接近尾声了，准备迎接期盼已久的宝贝 / 213

第三十七周 已经可称为足月儿了 / 214

- 营养胎教——补充水溶性食物 / 215
- 音乐胎教——《渔舟唱晚》 / 216
- 音乐胎教
  ——哼唱《小星星变奏曲》 / 216
- 情绪胎教——保持心态平和 / 217
- 语言胎教
  ——朗诵现代诗《雪花的快乐》 / 217
- 美育胎教——《抱鹅的少年》 / 218
- 趣味胎教——水笔画《一棵小树》 / 219

第三十八周 为宫外生活做准备 / 220

- 情绪胎教
  ——调节紧张情绪，轻松对待分娩 / 221
- 音乐胎教——《土耳其进行曲》 / 222
- 语言胎教
  ——朗诵戴望舒的《偶成》 / 222
- 美育胎教——《西斯廷圣母》 / 223
- 运动胎教——多散步 / 223

- 给准爸爸的小叮咛
  ——亲手为胎宝宝做玩具 / 223

第三十九周 完全发育成熟 / 224

- 营养胎教——为分娩储备营养 / 225
- 音乐胎教——《雨中漫步》 / 226
- 语言胎教——《一诺千金》 / 226
- 美育胎教
  ——欣赏齐白石的《虾》 / 227
- 语言胎教——读古诗 / 227

第四十周 与妈妈见面吧 / 228

- 营养胎教
  ——分娩中孕妈妈的饮食注意点 / 230
- 音乐胎教——《爱的致意》 / 231
- 美育胎教——《亲吻》 / 231
- 语言胎教——《分娩的幸福》 / 232
- 给准爸爸的小叮咛
  ——陪妻子一同分娩 / 232

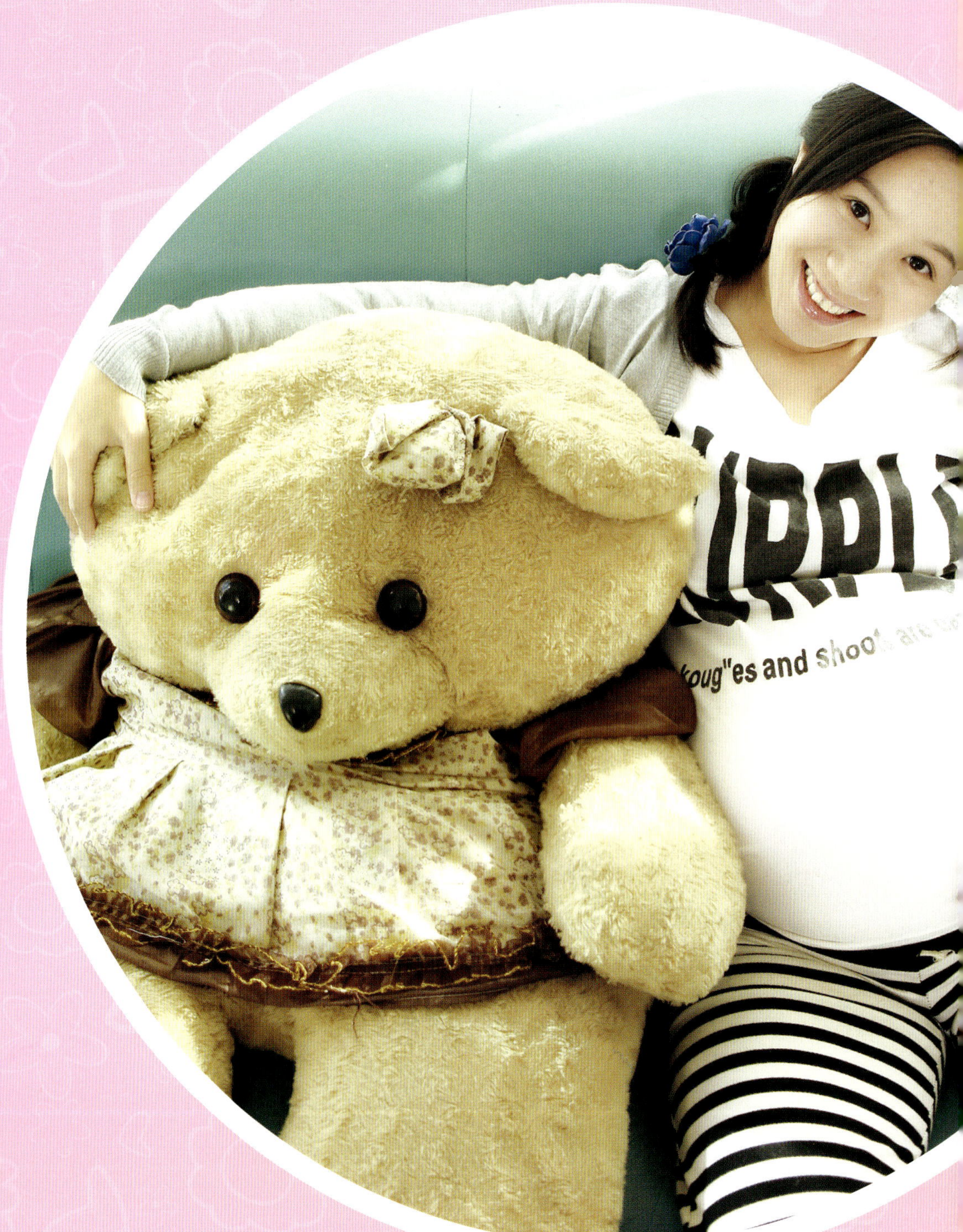

叩响胎教之门

——听专家讲理论

目前,社会上有许多"孕妈妈培训机构"其中的主要内容,就是向孕妈妈们传授胎教技巧。在参加之前建议小夫妻们先了解些胎教知识,在有准备的情况下,才能选择适合自己的胎教方式。那么,请大家与专家一起走进本章内容,相信在专家的引导下,您能了解到最专业、最科学的知识,受到最贴心的指导。

Baby is coming

胎教并不神秘，它有较强的科学性

以往提到"胎教"一词，大家都觉得甚是神秘：胎教是什么？胎教有用吗？随着社会信息化进程的不断加快，人们的认识逐渐提高，胎教慢慢地吸引了人们的注意力。此外，胎教并非伪科学，它是经得起推敲、科学性较强的一门科学。在中国文化发展的长河中，同样可在博大精深的中医理论中发现胎教的身影。而国外的相关专家、学者对胎教也给予了大量的理论支持。由此可见，胎教具备了较强的科学性，足以在现代化的科学论证中立足。

胎教古已有之

胎教并不神秘，它自古就有，最早出现在汉朝时期，那时的胎教属于广义胎教但却是胎教这门科学形成的雏形。随着社会的发展，越来越多的人们开始重视优生优育，因此胎教也越来越受到重视。很多专家认为，胎教是与宝宝心灵沟通的第一步，有充足的科学理论依据证明胎教对宝宝以后的健康成长具有重要意义。

古代认为的胎教，主要是让孕妈妈在怀孕期间，始终保持着乐观平和的心态，让情绪稳定，使身体各器官保持良好的机能状态，创造良好的胎内环境，从而有利于胎宝宝的正常生长发育。而现代的科学胎教是在古代这种广义的胎教基础之上发展而来，要求更加注重对胎宝宝直接胎教的实施。在胎宝宝感觉功能和运动功能的初步建立上为胎教的实施提供科学依据。

抓住胎宝宝发育关键期有针对性地实施胎教

有科学的研究表明，怀孕3~9个月的这段时间是胎宝宝脑细胞大量增殖和神经突触迅速发育的黄金时期。如果在这一时期科学地进行胎教，能够促进胎宝宝大脑的发育，激发宝宝的潜能。

从怀孕第四个月起，胎宝宝具备视觉感应，此时胎宝宝就对光线十分敏感。孕妈妈进行光照胎教时，胎宝宝就能够感觉到光线的强弱变化。此外，4个月的胎宝宝就有了听觉，胎宝宝特别爱听"父母"的讲话声、唱歌声。此外，胎宝宝对孕妈妈子宫血管里的血流声、肠道气体的咕噜声、猛烈的打雷声等都有反应。

6个多月时胎宝宝已能够运用自己的感觉器官了。开始出现开闭眼睑的动作，特别是在孕期的最后几周。6个月时，胎宝宝的听力几乎和成人相差不多。外界的一些声音都可以传到子宫里，但胎宝宝喜欢听节奏平缓、流畅、柔和的声音，讨厌强烈快节奏的声音，更害怕各种致命的噪声。所以，孕妈妈尤其要注意到这一点。

另外，胎宝宝触觉发育较早，当胎动出现时，隔着母体触摸胎宝宝，胎宝宝一般都会做出反应。这样进行抚摸胎教，对胎宝宝的触觉发育十分有利。

此外，胎宝宝还有着记忆能力，还会产生固定的条件反射，如果孕妈妈在分娩前3个月，每天听一会儿自己喜欢的音乐，包括古典音乐、流行音乐等。在11名婴儿1岁生日的时候，研究人员在播放音乐的扩音器旁摆放数盏闪光灯，当婴儿望向不同的闪光灯时，便有不同的音乐播放出来。结果婴儿很快便明白了其中的联系，他们望向代表他们在母体内听过的音乐的闪光灯的次数明显多于其他闪光灯。这证明婴儿出生前3个月已有能力记忆一些简单的东西。

大量的科学研究证明，胎宝宝在孕妈妈的肚子里是有感觉、有意识、能活动的一个小生命，既然胎宝宝有听力、视力，又有记忆力，进行胎教、促进胎宝宝发育就是完全可能的。胎教就是根据这些理论基础，在孕期调节和控制母体的内外环境，有针对性地、主动地给予各种有益的信息刺激，通过这些良性刺激，来促进胎宝宝身心健康和智力的发育。

受过胎教的宝宝更加出类拔萃

良好的胎教对胎宝宝来说益处极多,它不仅可以激发胎宝宝的智力潜能,在孕妈妈的良性影响下,胎宝宝还会养成良好的生活习惯以及受人喜欢的性格,这对未来的发展具有非常大的帮助。以下就是受过胎教的宝宝的一些特征。

◎受过音乐胎教的宝宝非常爱好听音乐。宝宝特别喜爱父母给自己听过的音乐。宝宝出生后对音乐敏感、音感准确,学习音乐、唱歌的能力强。而且宝宝在哭闹时听到胎教音乐很容易安静下来,若在宝宝睡前播放胎教音乐或妈妈哼唱歌曲,宝宝也比较能够很快入睡。

◎受过语言胎教的宝宝语言能力较强,开始说话的时间较早,一般出生5~6个月时便可以发出声音表达意思,使妈妈照料起来更方便。

◎受过环境胎教的宝宝对陌生环境的好奇心较强,能增强接触陌生环境的心理能力。

◎受过情绪胎教的宝宝性格活泼,喜欢与他人接触,与未受过胎教的婴儿比较,较早学会笑,理解别人的表情和言语,并通过姿势的改变,表现出与人的互动。

◎受过运动胎教的宝宝对于运动能力与感觉系统发育能力较早,宝宝出生后的吸吮手指能力、握手能力及四肢运动的能力强,动作协调性好,扶起坐立时颈部肌肉张力较好。

◎受过视听胎教的宝宝眼睛明亮,视听注意能力也比较强。

总之,受过胎教的宝宝各方面的能力较强于其他没有受过胎教的宝宝,将来宝宝学识字、听课、唱歌、游戏、与人互动等能力都比较强。

Tips 注意啦

孕妈妈在选择胎教用具时要仔细甄选,尽可能选择那些具有积极向上意义的产品,如优秀儿童读物、经典胎教曲目等等。

现代胎教的3大流派

中国学派

中国学派是由妇产科医生和幼教专家组成的研究小组。有关专家在试验推广过程中，采取了各种方式方法，如让孕妈妈进行日光浴、听音乐等，结果他们发现，这些方式可以有效刺激胎宝宝，引起胎宝宝感官神经的反应。

欧美学派

欧美学派是由精神科医生组成的研究小组，他们比较重视心理方面的研究。主要的研究内容包括：孕妈妈心理变化与胎宝宝发育的关系，让孕妈妈放松平静的方法，胎宝宝在母体内各阶段的发展程度与生理反应等。最主要的是欧美学派主张以超心理学理论作为指导，研究胎宝宝在母体内是否能记住外界的变化，以及变化是否能激起胎宝宝的心理反应。

日本学派

日本学派是由妇产科医生和学前婴幼儿教育专家组成的研究小组。相关专家主要研究孕妈妈在孕程中要注意自我调节心理和生理，给胎宝宝营造最为有利的成长环境。

胎教不可肆意为之

掌握胎教开始的最佳时间

进行胎教，还需要讲究时间，最佳的时间实施胎教对胎宝宝和孕妈妈都是很有好处的，有的人说胎教要等到怀孕后再开始，也有的人说最好在备孕前3个月就开始。那么胎教的最佳时间是什么时候呢？

目前较为科学的实施胎教时间应该从精卵结合前的3个月开始，因为妊娠是精子和卵子的结合，新生命在这一刻就诞生了。而科学研究显示，精子从精细胞分裂、形成到成熟大概需要90天，那么，要使得精子质量最佳，孕育出健康的后代，胎教最好是在孕前的3个月时开始。

不能盲目选择胎教方案，陷入胎教误区

实施胎教，不能盲目进行，面对多种多样的"胎教方案"许多准备养育宝宝的夫妻十分困扰，不知道选择哪种胎教方案更适合，更科学。

那么如何选择胎教方案，首先一定要仔细认真选择，因为有一些是打着"科学"和"专家"旗号的人们在误导着年轻夫妻，但是这些所谓科学的胎教方案有的认为是遗传决定论，有的会违背宝宝成长的自然过程，而这些都不能很好地对宝宝进行胎教，他们只是为了达到经济目的。

因此夫妻在选择胎教方案的时候切记要保持清醒的头脑，多多询问一下正规的胎教专家和购买一些专业指导胎教的书籍，这样才能更加善于识别和选择适合自己的方法，拒绝盲从。

实施胎教要有度且懂得变通

科学地实施胎教有助于优生，让宝宝变得更聪明、更活泼，虽然好处多多，但还是不能避免会出现一些意外的失败例子，比如有的妈妈反映，家里的宝宝经过音乐胎教后，虽然聪明活泼，但是精力过于旺盛，总是不爱睡觉。经过专家反复调查后才发现由于妈妈在怀孕期间工作较忙，又不愿放弃胎教训练，所以每天将音乐播放器打开后就反复循环着听，等睡着了也还是放着音乐，这样就导致了胎宝宝始终在受到刺激，这有可能干扰胎宝宝的

生物钟。因此，出现了宝宝出生后精力过盛的现象。所以，给胎宝宝进行胎教应该适度进行，不能随意为之。

因为孕期中，胎宝宝是在不断发育中的，一般胎宝宝发育到第四周时，就已经建立起了神经系统；8～11周时，胎宝宝有了触觉反应，这时可以通过轻轻拍打、抚摸母体腹部来促进胎宝宝感知系统的发育；12～15周胎宝宝已有了自己的情感，能够同时感受孕妈妈的喜怒哀乐等情感；16～19周时，胎宝宝的听力形成，他能听到孕妈妈唱歌的声音和准爸爸对他的低声细语；第二十周时，胎宝宝有了视觉感知，能对外界的光线做出反应。由此看来，对胎宝宝进行胎教要根据胎宝宝的发育状况进行，否则很可能会适得其反。

最科学的 10 大胎教方式

胎教方法	概念	实施意义
❶ 音乐胎教	音乐胎教是指通过对胎宝宝不断地传输优良的乐性声波，以促使其脑神经元的轴突、树突及突触的发育，为后天智力发育奠定基础的胎教形式	音乐是一种有节奏的空气压力波，对人的心理活动与生理活动都有很大的影响。当音乐的节奏作用于孕妈妈，也能影响胎宝宝的生理节奏，使胎宝宝从音乐当中受到更好的教育
❷ 营养胎教	营养胎教是综合了孕早、中、晚三个时期胎宝宝发育的特点，合理指导孕妈妈摄取食品中的各种营养素，以此来缓解孕期不适并保障胎宝宝发育的营养所需	孕妈妈在补充营养时常常会走进一些误区，这不但对孕妈妈健康无益，而且很可能会适得其反。营养胎教能指导孕妈妈在整个孕期该如何吃、吃什么
❸ 语言胎教	语言胎教是指孕妈妈和准爸爸通过与胎宝宝进行语言沟通来促进与胎宝宝的感情，促进胎宝宝语言、智力发育	我国古代对胎教的研究中指出，孕妈妈的言行举止可对胎宝宝产生很大的影响。古人说："子在腹中，随母听闻。"这更指出了孕妈妈的言语对胎宝宝的重要影响
❹ 情绪胎教	情绪胎教是指孕妈妈通过调节情绪，排除一些对胎宝宝不好的负面情绪，创造平和的心境，通过孕妈妈的神经递质作用，促使胎宝宝的大脑得以良好的发育	现代医学研究表明，情绪与全身各器官功能的变化关系很大。不良的情绪会扰乱神经系统，导致孕妈妈内分泌紊乱，进而影响胚胎及胎宝宝的正常发育，甚至造成胎宝宝畸形

❺ 环境胎教	环境胎教就是通过指导备孕夫妻在准备受孕前6个月就开始学习环境卫生知识，以利于优境养胎的一种胎教方式	在整个孕期母体的内、外环境之间有着非常重要的联系。只有使胎宝宝处在优质的母体内环境和良好的外界环境中生长发育，才能保证胎宝宝出生后健康、聪明
❻ 运动胎教	运动胎教是指孕妈妈通过一定的体育锻炼来促进母子身体健康、促进分娩顺利的一种胎教方法	有益于孕妈妈的身心健康，是胎宝宝健康成长的动力
❼ 抚摩胎教	抚摩胎教是指有意识、有规律、有计划地抚摩胎宝宝，以促进胎宝宝的感觉系统发育	据科学研究，人类皮肤上有丰富的神经末梢。这些神经末梢极其敏感，有利于胎宝宝对外界迅速做出反应。经常进行抚摩胎教，能促进胎宝宝接受外界刺激的敏感性和反应能力
❽ 美育胎教	美育胎教是指根据胎宝宝意识的存在，通过孕妈妈对美的事物的感受而将美的意识传递给胎宝宝的胎教方法，它包括自然美育、感受美育等方面	美育胎教运用审美心理学的知识，强调胎教中孕妈妈的审美感知、审美情感、审美想象、审美理解，从而达到优化和加强胎宝宝心理素质的目的
❾ 光照胎教	光照胎教是指给尚在腹中的胎宝宝以适当的光亮刺激，以促进胎宝宝视网膜光感细胞的功能尽早完善	实验表明，从妊娠4个月起，胎宝宝对光亮就有所觉察，有的会躲闪，也有的会做眨眼动作。这表明胎宝宝对光照有反应。所以，在胎教中不可忽视光照胎教这种方式
❿ 斯瑟蒂克胎教	一对普通的夫妇通过对胎宝宝的教育，把四个女儿都培养成天才，根据这对夫妇的名字，将此胎教法称为斯瑟蒂克胎教法	斯瑟蒂克认为孕育宝宝是一个非常关键的过程，必须做好健康准备及心理准备。父母双方在健康状态下结合，胎宝宝会遗传父母双方的健康基因

开始胎教吧：
制订属于自己的胎教计划

月份	早晨起床后	上班时间	睡觉前	完成程度
孕1月				
孕2月				
孕3月				
孕4月				
孕5月				
孕6月				
孕7月				
孕8月				
孕9月				
孕10月				

特别关注：
孕期产检项目细安排

孕检时间	检查项目	检查目的
5~6周	超声波检查	◎查看是否正常怀孕，若没有在子宫内看到胚囊，则可怀疑是否为宫外孕，并做出处理 ◎查看胚胎数目，此时可看出是单胚胎还是双胚胎或者是多胚胎，还可及时发现葡萄胎等意外情况
12周（第一次正式产检，建立孕妇健康手册）	量体重和血压	作为孕期体重增加、血压变化的参考依据
	进行问诊	医生一般会询问孕妈妈的怀孕次数、孕前有无某种疾病、是否服用过药物、有无家族遗传性疾病等，便于对你的整个孕期做出产检跟踪
	听胎宝宝心跳	医生运用多普勒胎心仪来听胎宝宝的心跳，以此来判断胎宝宝是否正常
	验尿	目的是为了检验孕妈妈的糖尿及蛋白尿两项数值，以判断孕妈妈是否已有糖尿病或耐糖不佳、分泌胰岛素的代谢性疾病、肾脏功能健全与否（代谢蛋白质问题）、子痫前症、妊娠糖尿病等各项疾病
	身体各部位的检查	医生会针对孕妈妈的甲状腺、乳房、骨盆腔来做检查。医生会让孕妈妈平躺在诊断台上，以手来触摸孕妈妈腹部上方是否有肿块。若是摸到肿块，就要怀疑是否为卵巢肿瘤或子宫肌瘤，但孕妈妈不必太担心，因为大部分是良性肿瘤
	抽血	孕妈妈做抽血检验，主要是验血型、血红蛋白（检视孕妈妈的贫血程度）、肝功、肾功及梅毒、艾滋病等，以便为以后的产检做准备

孕检时间	检查项目	检查目的
12周（第一次正式产检，建立孕妇健康手册）	检查子宫大小	随着孕期的延长，孕妈妈的子宫大小会逐渐发生变化，医生根据孕妈妈从耻骨联合的地方到子宫底所量出的厘米数，可大致算出胎宝宝周数。此周数也可作为胎宝宝正常发育与否的依据，通常会以 ±3 厘米来做推断，即小于 3 厘米，代表胎宝宝较小；大于 3 厘米，代表胎宝宝较大
	"胎宝宝颈部透明层"的筛检	此项检查，基本在孕 11～14 周开始进行。检查的目的是检测胎宝宝是否为罹患唐氏症的高危险群。主要是以超声波来观察胎宝宝颈部透明层的厚度，如果厚度大于 3 毫米，胎宝宝患唐氏症的概率就会较高，在这种情况下，医生会建议孕妈妈做一次羊膜穿刺，查看染色体异常与否，并做出最后的判断。
16周（第二次产检）	例行基本检查包括：称体重、量血压、问诊及听胎宝宝的胎心音等	便于孕期跟踪
	验血	孕妈妈在 16 周以上，可抽血做唐氏症筛检（但以 16～18 周为最佳），并看胎宝宝颈部透明层报告
20周（第三次产检）	例行基本检查包括：称体重量血压、问诊及听宝宝的胎心音等	便于孕期跟踪
	超声波检查	孕妈妈做超声波检查，主要是看胎宝宝外观发育上是否有较大问题。医生会仔细量胎宝宝的头围、腹围、股骨长度及检视脊柱是否有先天性异常。以及唇部是否完整、心脏是否四个腔、是否有胸积水现象等

孕检时间	检查项目	检查目的
24周（第四次产检）	验血	大部分妊娠糖尿病的筛检，是在孕期第二十四周做。先抽取孕妈妈的血液样本，来做一项耐糖试验，此时孕妈妈需要空腹禁食；再喝下75克的糖水，等1小时后，再进行抽血；两小时后再抽一次，当结果出来后，空腹血糖在5.1以上或3次血液检查结果有一项异常，则诊断为妊娠糖尿病，需要再回医院做第二次抽血
28周（第五次产检）	例行基本检查包括：称体重、量血压、问诊及听胎宝宝的胎心音等	便于孕期跟踪
	验血、尿	开始了解孕期有无贫血、血糖是否偏高、尿中有无酮体及蛋白等，筛查妊娠期糖尿病和妊娠期高血压综合征
32周（第六次产检）	包括：称体重、量血压、问诊及听胎宝宝的胎心音等	由于大部分的子痫前症，会在孕期20周以后发生。医生通常依据孕妈妈测量血压所得到的数值作为依据，如果测量结果发现孕妈妈的血压偏高，又出现蛋白尿、下身水肿等情况时，孕妈妈须多加留意，警惕子痫前期的产生
	触诊	在孕期28周以后，医生要陆续为孕妈妈检查是否有水肿现象。可将拇指压在小腿胫骨处，如果压下后，皮肤会明显地凹下去，而不会很快地恢复，即表示有水肿现象
35周（第七次产检）	例行基本检查包括：称体重、量血压、问诊及听胎宝宝的胎心音等	便于孕期跟踪

胎教心得月记

第一周

此时的孕妈妈并非属于真正意义上的孕妇，此时正是末次月经进行的时候。这个时候你需要开始推算排卵期，等待最佳受孕时间（月经无经血后即可开始受孕）的到来。

第二周

此时是末次月经结束的时间，敏感的女性会发现，基础体温升高，这代表你已进入排卵期。与准爸爸调整好心情，迎接新生命的到来吧。

第三周

孕妈妈的身体内开始分泌黄体激素，这种激素可令子宫肌肉变得更加柔软，并会给身体和下丘脑下达指令——不再排卵及阻止月经来潮。此时，孕妈妈就可以被称为真正的孕妇了。从此开始了三口之家的幸福生活。

第四周

这个阶段的孕妈妈，身体还没有出现明显的不适症状。少数敏感的人会出现类似感冒的症状：身体乏力、发热等。

孕妈妈的现状

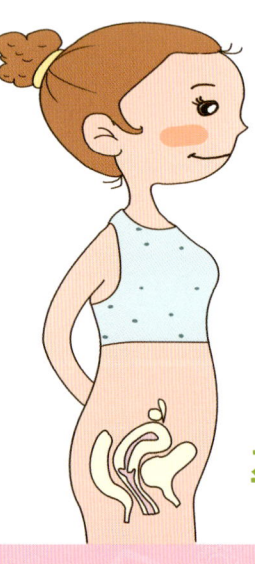

Part 1

孕 1 月

在甜蜜的爱河里,小夫妻共同努力播下了生命的种子

怀孕了,这是一个多么令人兴奋的好消息。虽然还不能真切地感知小生命的存在,但爱已满满地填入了孕妈妈与准爸爸的心窝。小夫妻会暗下决心:一定给宝宝最好的。既然如此,我们就一同踏上胎教之旅,相信这将成为宝宝最好的出生礼。

胎宝宝的现状

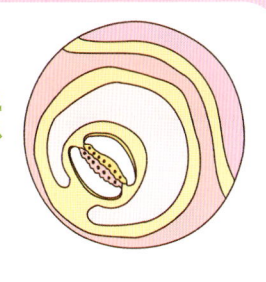

第一周

这时候的胎宝宝尚未形成,仍然以精子和卵子的形式存在于准爸爸和孕妈妈的体内。

第二周

此时,孕妈妈排出的1枚卵子,会在体内持续存在12~36个小时。这个时候,3亿~5亿个精子在阴道内出现,通过重重障碍,最终有一个精子获得最终的胜利,与卵子亲密结合。

第三周

此时,如果进行得顺利,一个精子已经成功钻进卵子而形成受精卵。随后,受精卵开始快速分裂,并移向子宫内,在子宫处继续发育,新生命即将诞生。

第四周

此时的受精卵称之为胚胎,还不是真正意义上的胎宝宝。经过一段时间,胚胎泡开始植入子宫内膜,这个过程就叫作着床,这说明受精卵已经在孕妈妈的子宫内"安营扎寨"。

第一周 宝贝你在哪儿

专家在线 本周胎教有问必答

Q 怎样计算怀孕第一天？

A 怀孕第一天是从末次月经开始的第一天算起。这是因为子宫内膜周期性变化是形成月经周期的主要原因。当子宫内膜发育到一定程度时受精卵才能在子宫内膜上着床，就此形成胚胎，这便意味着受孕成功。所以说，怀孕第一天就是指受精卵着床的那一天，即末次月经的第一天。

Q 如何推算预产期？

A 计算预产期，只需在末次月经第一天加上9个月零1周（280天）即可。例如：末次月经是5月1日，加9个月为次年的2月1日，再加1周（7天），为2月8日。2月8日就是预产期。事实上，很多孕妈妈都不会在确切的预产日期分娩，或提前或推迟，只要是前后不超过两周都属于正常情况。如果你的月经周期不太规则，或已经记不清末次月经的时间了，可以在孕早期的妊娠检查时请医生帮忙推算。

Q 开始进行胎教前，必要物品有哪些？

A ◎**图书：**孕妈妈可以事先购买一些孕产、保健类图书，这类书能为你普及孕期相关知识，避免出现突发情况时手足无措。此外，文学作品、儿童读物也是胎教的必需品。

◎**胎教音乐 CD：**音乐胎教是众多胎教模式中非常重要的一种，孕妈妈可以准备一些好的胎教 CD。

本周养胎大事件 — 需要先治后孕的常见病症

病症别	专家解答
高血压	患高血压的女性怀孕后比较容易出现妊娠高血压综合征。因此，建议此类人群在经过治疗后，血压保持稳定的情况下，再实施怀孕计划
肝脏疾病	如果在孕前检查出患有肝脏疾病，尤其是乙肝等病毒性肝炎，一定要在医生指导下做好治疗。因为乙肝等病毒性肝炎具有传染性，它们可通过胎盘垂直传播给宝宝，危害宝宝的健康。同时，怀孕期间肝功能的负担增加，会加重肝功能的异常，引起妊娠高血压综合征
心脏病	如果患有心脏病，在孕期会出现心功能不全，导致流产、早产、胎盘功能不全等状况的发生。因此，要宝宝前一定要慎重考虑，并征询医师的意见。如果得到许可，应在医师的指导下度过孕期。如果不被许可，千万不可硬性为之
糖尿病	糖尿病的最大危险在于会引发流产、早产、胎宝宝畸形等状况。想要宝宝的女性一定要在孕前向医生咨询，在医生指导下采取合理的饮食方案，配合药物治疗控制好病情，并在医生的监护下怀孕、分娩
肾脏疾病	如果患有肾脏疾病，怀孕后一般会比较早出现妊娠高血压综合征，不利于胎宝宝的发育，严重的还会引起流产、早产等。对孕妈妈来说，肾脏疾病可能导致尿毒症和肾功能衰竭，危害也很大。因此在要宝宝前一定要先治疗好
结核病	如果患有传染性的结核病，怀孕后可能会导致流产和早产。而在孕期服用治疗结核病的药物，会影响胎宝宝的发育，所以要治好后再计划要宝宝

情绪胎教
——做好受孕的准备

怀孕生子是一项非常自然的事情，建议备孕期的小夫妻摆正心态，调节情绪，不必患得患失，更没必要杞人忧天。最好能以平和的心态对待怀孕这件事。

既然已经打定主意要宝宝，那么就要将"我已经是妈妈了"这样的意识植入大脑，并与丈夫一同规划胎教方案。还可以同准爸爸一同回忆过去的美好时光，幻想一下未来宝宝的模样……这一切都可以帮助夫妻放松身心，顺利受孕。

注：闲暇时小夫妻一同翻看相册回忆以往的美好，对缓解压力、调节情绪很有帮助，是助孕的理想选择哟！

运动胎教——散步

散步是本阶段最适宜的运动方式，散步有利于呼吸新鲜空气，可以提高神经系统和心、肺功能，促进血液循环，增强新陈代谢，加强肌肉活动。

散步的基本方式

◎放松热身散步。一定要以感到舒适的调子进行，以短小的步伐向前迈，手臂自然摆动，然后再配上适合的呼吸方式：用鼻子深吸，然后用口呼气。

◎间隔散步。就是先进行 10 分钟的放松热身散步。然后以中速慢走 1 分钟，最后快速走两分钟。散步的时候要保持正确的姿势保持头朝上，肩膀放平，手臂放在身体两侧。两臂自然摆动，最后等进行完间隔散步后再慢走 5 分钟。

散步的要点

首先，选择散步的地方最好不要在马路上，因为马路上的车辆太多，污染也较为严重，不利于呼吸良好的空气。此外，马路、大街上空气混浊，汽车发动机轰鸣声、刺耳的高音喇叭声等噪声都会对健康造成不利的影响。

其次，散步量要因自己情况而定，不能因为散步有利于健康而盲目进行。

最后，户外散步时尽可能穿宽松舒适的棉质服装，鞋子最好选择平底鞋，这样才能达到散步效果，有益于身心健康。

营养胎教——多吃助孕美食

食物可以"助性",这一点我们的老祖宗早已给予证实,并将此收录到了医学典籍里。此外,现代的营养学家也提醒准备要宝宝的小夫妻,平时多吃些助孕食物,能提高受孕概率及质量。以下几类食物,夫妻可适当多吃。

◎ **含锌丰富的食物：** 锌是人体必需的营养成分之一,也是男性最佳的助孕营养素。科学研究发现,睾丸制造睾固酮这种雄激素时需要锌的参与,而精子的制造和质量同样也与锌息息相关,所以建议备孕期的丈夫要多吃些含锌丰富的食物,如蛋类、小米、猪肉、萝卜、豆类、花生、大白菜、牡蛎。

◎ **动物内脏：** 虽然动物内脏中含有过多的胆固醇,人类不适宜长期大量食用,但动物肝脏中还含有肾上腺皮质激素和性激素,对增强性功能具有非常好的作用。每周食用两次,有助于提高孕力。

◎ **蛋白质含量丰富的食物：** 众所周知,蛋白质对生殖、内分泌、激素分泌具有相当重要的作用,在选择助孕食物时,这类食品是必不可少的,如海参、鸡蛋、瘦肉、芝麻、花生、核桃、牛奶、黄豆等。

鉴于此,推荐一款经典的助孕美食——黄豆排骨汤,让你大饱口福的同时增加孕力。具体做法为：取黄豆120克,猪排骨300克,盐适量。将猪排骨洗净,剁成小段,备用;黄豆去杂质,清水泡软,备用;将黄豆、猪排骨一同放入清水锅内,大火烧开后,去浮沫,改小火慢熬。待黄豆、排骨软烂后,用盐调味即可。此汤中的黄豆、排骨均为蛋白质含量丰富的食材,二者结合煲汤能为机体补充大量蛋白质,是备孕期的理想美食。

◎ 黄豆排骨汤

第二周 等待值得庆祝的时刻

专家在线 本周胎教有问必答

Q 如何提高受孕率,让优生更轻松?

A 精子和卵子碰撞到一起才能变成受精卵,孕育出生命的"种子"。现实生活中往往有很多因素使精子、卵子不能相遇,比如做爱时的心境、体位、彼此的身心状况。那么如何摆脱心理困扰呢?主要可以借鉴以下几点:

◎不要想着做爱是一项任务,在愉悦的心情下完成交合,才能使优质的精子与优质的卵子结合。

◎不要只满足自己的需求而不顾及爱人的感受。在双方都满足的情况下,受孕率往往会更高。

◎偶尔没有达到高潮,也不要耿耿于怀,生活并不总会尽如人意,互相体谅,在下次做爱时营造些浪漫气氛,丢掉思想包袱,轻松享受性福!

本周养胎大事件 盘点本周禁忌药物

药物分类	药品名称	不良影响
抗生素类	四环素	可造成骨骼发育障碍,牙齿变黄,先天性损失白内障
	链霉素及卡那霉素	可造成先天性耳聋,并损害肾脏
	氯霉素	可抑制骨髓造血功能,使新生儿肺出血
	红霉素	可引起肝损害
解热镇痛药	阿司匹林	导致骨骼畸形,神经系统或肾脏畸形

营养胎教——补充叶酸

叶酸是一种水溶性的维生素，是蛋白质和核酸合成的必需因子，在人体中主要起代谢红细胞、血红蛋白、氨基酸等物质，促进骨髓中幼细胞成熟的作用。叶酸对胎宝宝的发育至关重要，它是胎宝宝视神经发育的关键物质，及时补充叶酸，可有效防止新生儿体重过轻、早产以及婴儿腭裂（兔唇）等先天性畸形。

有些女性可能会问："叶酸从什么时候开始补呢？该怎样补充？又有哪些注意事项呢？"

叶酸实际上在计划怀孕时就应补充了，如果错过了那一时期，从现在起开始引起重视，开始补充。怀孕后胎宝宝的大脑发育是最早最快的，孕期3～6周是胎宝宝中枢神经系统发育的关键时期。此时，最容易受到致畸因素的影响。在这个时期补充叶酸，可使胎宝宝发生危险的概率降低50%～70%。

一般人体不能自己合成叶酸，来源要从食物中摄取，因此每天需补充600～800微克叶酸才能满足胎宝宝生长需求和自身需要。应多吃新鲜的蔬菜、水果。对于有不良妊娠史、高龄及家族中有生育过畸形胎宝宝史等高危因素的女性，最好在医生的指导下，每天口服叶酸片。

对于补充叶酸需要注意一些小细节：

注：猕猴桃是补充叶酸的理想食物，不妨经常食用。

叶酸怕光、怕热，所以尽量不要将含叶酸的食材长时间放置后食用或加热食用；盐水浸泡过后，蔬菜中的叶酸含量会大大减少，所以也不要用盐水浸泡叶酸含量丰富的食材；如果食材中得不到充足的叶酸，那么可以补充叶酸片、多维元素片或叶酸制剂。

专家教你这样做：常见富含叶酸的食物

莴苣、菠菜、番茄、胡萝卜、油菜、小白菜、扁豆、豆荚、蘑菇、橘子、草莓、樱桃、香蕉、柠檬、酸枣、石榴、葡萄、猕猴桃、梨、核桃等。

音乐胎教
——科学选择胎教音乐

　　选择胎教音乐一定要讲究其科学性，不能随意为之。一般情况下，应该选择舒缓、轻柔、明朗、欢快相结合的乐曲作为胎教音乐，避免那些节奏快、力度强、十分喧嚣的乐曲，如迪斯科、摇滚音乐和强烈的架子鼓演奏声等，也不要听那些悲壮、凄凉的音乐。胎教音乐的特点是优美、宁静，可使自己感到轻松愉快，情绪安稳。听胎教音乐以C调为主，基调是轻松、活泼，能较好地激发良好的情绪。

　　另外，在听音乐的时候应根据生活规律随时欣赏，但不宜戴耳机，每天播放音乐的次数不宜过多，要让胎宝宝反复地聆听，时间不宜过长，每日1～2次，每次5～15分钟。而且选择音乐的音频和音量也要适中，即使现在没有怀孕也要注意这些。听的音乐频响范围最好控制在500～1500赫兹，音量应控制在45～55分贝。

注：音乐胎教自古便被人推崇，但要以科学为前提才能达到效果。

语言胎教
——《面朝大海，春暖花开》

从明天起，做一个幸福的人，
　　喂马、劈柴，周游世界。
从明天起，关心粮食和蔬菜，
我有一所房子，面朝大海，春暖花开。
从明天起，和每一个亲人通信，
　　告诉他们我的幸福。
那幸福的闪电告诉我的，
　　我将告诉每一个人。
给每一条河每一座山取一个温暖的名字，
　　陌生人，我也为你祝福。
愿你有一个灿烂的前程，
　　愿你有情人终成眷属，
愿你在尘世获得幸福，
我只愿面朝大海，春暖花开。

胎教密语

一首抒情名诗《面朝大海，春暖花开》，海子写于1989年1月13日。

这首诗歌优美、温馨，全诗勾勒了一个美丽的理想画面，一间面朝大海的房子，春暖花开，每一天都是那么充实而幸福，喂马、劈柴，仿佛是世外桃源般的生活。表达了诗人真诚善良的祈愿，愿每一个陌生人在尘世中获得幸福。

在阅读这篇诗歌的时候，要充分发挥想象，也勾勒出自己的幸福画面，尽享美好时光。

◎ 海景系列之一 / （法）克劳德·莫奈

给丈夫的小叮咛
——为妻子布置一个温馨舒适的环境

提早为妻子和未来的宝宝布置一个温馨的居室环境。丈夫除了在精神上支持妻子，还要在生活方面做足准备，例如布置温馨的居家环境，会让妻子有舒适、轻松的感觉，这有利于消除妻子的紧张情绪，增添情趣。

众所周知，人每天需要8小时左右的睡眠时间，对备孕期的妻子而言，睡眠更加重要，而居室的环境与健康密切相关，一个优美、舒适的环境是十分重要的。

第三周 新生命就要诞生了

本周胎教有问必答 · 专家在线

Q 这个阶段孕妈妈需要进行防辐射吗？

A 此时的孕妈妈已经可以真正地称为孕妈妈了，能看到确切的诊断结果还需耐心等待一段时间。这个阶段的孕妈妈要做好防辐射工作，尤其是长期处于高电磁辐射的孕妈妈更需要远离辐射。因为医学研究证明，长期处于高电磁辐射的环境中，容易发生自然流产和胎宝宝畸形概率高，而且还容易导致婴儿智力残缺。

有些孕妈妈可能会问了："通过饮食能预防辐射吗？"科学研究发现，经常食用维生素含量丰富的食物对辐射损伤组织的修复具有显著的效果，如圆白菜、豆类、海带等。此外常吃植物油同样可预防及改善辐射给人体造成的伤害，因为植物油中所含的油酸可促进造血系统再生功能，对缓解辐射造成的损伤效果较好。

本周养胎大事件 · 确认怀孕的方法

如何确定怀孕的事实呢？下面是几种测试怀孕与否的方法：

方法	操作方式
试纸验孕	首先用干净的杯子取适量的晨尿将试纸放入尿液中，五分钟后便可知道是否怀孕
妇产科检查	医生通过触摸来检查已孕女性的子宫大小、柔软度、阴道、腹部等，以确定怀孕的情况
测量基础体温	排卵后的基础体温要比排卵前高出 0.5℃ 左右，并且持续时间长达 12～14 天，直至月经前 1～2 天或月经第一天才恢复正常。如果连续两周体温偏高，怀孕可能性较大

情绪胎教
——时刻保持好心情

受精卵形成以后，孕妈妈体内的激素分泌状态会发生变化，情绪极易波动，总是表现出精神疲倦、闷闷不乐的样子，这对胎宝宝非常不利。此时受精卵刚刚在孕妈妈的子宫中着床，还很脆弱。但是这个小生命的心脏已经形成并开始工作了。如果在这个敏感的时期不小心刺激到了胚胎，易导致胚胎发育异常。所以孕妈妈要明确不良情绪对胚胎的不良影响，争取时时刻刻都保持愉快的心情。

孕妈妈如何培养良好心情

◎孕妈妈要养成良好的文化娱乐爱好和良好的生活习惯。

◎不去闹市区和危险区。

◎多读优生优育和有利身心健康的书刊，多听悦耳的音乐，保持愉快的心情。

◎孕妈妈本人要注重加强道德修养，多做好事，心胸宽广，不斤斤计较，勿听闲言恶语，学会遇事冷静，切忌暴躁发怒、忧郁愁闷等过激情绪。

◎事实上，美容、穿衣也是胎教，孕妈妈完全有必要精心打扮自己。这一方面是自娱的一种方式，洁净健康的容颜、合身舒适的穿着，不仅会让孕妈妈忘记妊娠反应带来的不适，还会提高孕妈妈的审美能力。另一方面，适当地装扮自己，会使孕妈妈的气色看起来好很多，别人会给孕妈妈几分赞许，这不仅对缓解孕妈妈的不良情绪很有好处，还可以使孕妈妈更加自信、乐观。由此可见，孕期适当地装扮自己，不仅对自身有益，对胎宝宝也有着积极的影响。不过，装扮自己也是要讲究原则的，不可肆意而为：千万杜绝浓妆艳抹，身着过于紧身的衣服。仪容美的关键在于整洁，孕妈妈只要注意卫生，保持整齐，形象一定会大为改观的。

装扮自己 美化心情

运动胎教——活动颈肩部，提高身体活力

有句话说得好："生命在于运动"，对孕妈妈而言，可称之为"健康源于合理的运动"。有些孕妈妈认为：怀孕后要好好保护自己一不能干重活，二不能剧烈运动。这种认识是正确的，但对于运动与劳动而言，还要辩证对待。科学研究发现，孕期适当地做些家务活，保持合理的运动，不仅对孕妈妈有益，对胎宝宝的发育也起着至关重要的作用。但对于身患疾病或有明显流产征兆的孕妈妈来说，可听从医生建议，进行科学保胎。下面就为孕妈妈推荐一种简单、有益的运动法，希望能给孕妈妈的健康带来益处。

动作解析

1 站直，双腿分开与肩同宽。（图1）
2 吸气，双臂前伸，弯曲双肘，指尖紧紧地贴在肩部，双肘在胸前贴近。（图2、3）
3 呼气，双肘打开做环绕运动。（图4、5）

趣味胎教
——学画简笔画"小白兔"

孕妈妈利用闲暇时间还可以培养宝宝一些兴趣爱好，比如画简笔画，利用水彩笔画简笔画，能很好地锻炼胎宝宝大脑对色彩的反应能力。画一画可爱的小动物简笔画，简单、可爱、有趣，宝宝一定很喜欢。可以画一只可爱的小兔子。

具体画法为

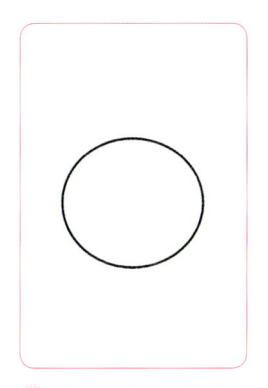

1 先画一个圆圆的头。

2 兔子长着长长的耳朵，中间画上小鼻子及可爱的小嘴。

3 再给小兔子加上大大的眼睛。

4 别忘了小兔子的长胡须哦！

注意绘画技巧

绘画小动物，一定要本着可爱的模样，大大的脑袋，突出每一个小动物的特点，比如小兔子，要有三瓣嘴，长长的耳朵，还有长胡须。

胎教密语

孕妈妈运用简笔画，培养胎宝宝的一些小兴趣，孕妈妈可以想象一下小兔子的可爱模样，告诉胎宝宝兔子是什么样子的，然后动手画起来，最后用水彩笔勾勒出小白兔的模样。如果可以孕妈妈还可以边说着顺口溜，边画画，如：小白兔白又白，两只耳朵竖起来，爱吃萝卜爱吃菜，蹦蹦跳跳真可爱。

给准爸爸的小叮咛——让妻子体会到你的关心与爱护

准爸爸的态度对孕妈妈来说非常重要。到目前为止，孕妈妈体内的激素会悄无声息地发生着变化，情绪非常容易受到影响，若准爸爸视若无睹或给与的关怀不够，很容易引发妻子的委屈情愫，进而引起情绪波动。这对母子双方均无益处。所以，建议准爸爸尽可能多地抽出些时间来陪伴妻子，或陪她散散步，或陪她一起画简笔画，或陪她一起聊聊天，不要吝啬言语，让孕妈妈感受到你的体贴与关爱。

第四周 受精卵已"安营扎寨"

本周胎教有问必答

专家在线

Q 在不知怀孕的情况下，误服了感冒药怎么办？

A 许多孕妈妈，特别是初次怀孕的女性，很容易忽略怀孕的典型征兆——轻微感冒，因此而当作感冒处理，误服了感冒药物。此时，建议孕妈妈不要轻易下决定，先回忆下服药的确切时间。

一般在卵子受精后 1 周内用药，这个时候受精卵尚未种植在子宫内膜，一般不受药物影响。如果在受精 1~2 周内用药，受精卵已种植于子宫膜，但胎宝宝的各项组织尚未进入分化阶段，药物的毒性作用过大会造成胎宝宝停止发育以外，不会引起畸形。如果在受精后 3~8 周内服用了感冒类药物，这个阶段是胚胎各器官分化形成的关键时期，极易受到药物等外界因素影响而导致畸形。

本周养胎大事件

怀孕征兆知多少

怀孕关键词	表现
疲倦	自觉身体疲倦，总想躺下来睡会儿，到了怀孕 12 周后，精神将开始恢复
恶心和呕吐	大多数会在怀孕 6~7 周时才有恶心、泛酸、食欲缺乏等现象。这便是医学上所说的"早孕反应"
乳房触痛	乳房感到刺痛或刺麻的感觉，乳晕加深，乳房变得非常敏感
月经没来	这是最明显的征兆

情绪胎教
——慢慢适应角色的转变

初为人母，是女性跨入人生另一个阶段的新开始。在怀孕的这个阶段中，由于内分泌产生变化，会带来情绪上和心理上的改变。而且在这段时间生活起居上、饮食上、工作上都会发生变化，往往带来较大的情绪波动，影响自己和身边人。这时，孕妈妈需要慢慢开始适应自己角色的转变了，以便应对接下来将出现的各种状况。

主要可以采取以下几点来度过这个角色转变的过渡期。

◎ 毫无疑问，怀孕后，由于生理上一系列的变化会使体形发生较大改变。孕妈妈应该正确地看待这个问题，这是胎宝宝健康成长的重要标志，而不能因为体形走样而心生烦恼，只要在孕期管理好饮食、常运动，产后认真进行健美锻炼，体形就会很快得到恢复，甚至比以前更有韵味！

◎ 多看些轻松的影视剧和书籍，最好是关于胎宝宝的，这对激发母性，抵抗不良情绪非常有用。

◎ 和家人一起调理好孕期饮食，既补充自己和胎宝宝的营养，也可以缓解孕期生理上和心理上的不适状况。

环境胎教
——撤掉室内的地毯

有些准爸爸在得知妻子怀孕后，会变得很紧张，为了减少因碰撞带来的伤害，就在家里铺上一层厚厚的地毯。然而，这种行为并不可取。

有专家曾经做过检测，地毯上残留有从室外带到屋内的铅、镉等有毒副作用的物质，孕妈妈长期接触可致胎宝宝畸形发育，特别是本阶段如果胎宝宝遭遇毒害物质破坏很容易发育畸形，甚至造成流产。另外，螨虫也比较喜欢寄生在温暖舒适的房间中，地毯则是它们栖身的不二选择。此外，螨虫的排泄物也非常容易被吸入体内，尤其是孕妈妈吸入后更会给胎宝宝造成伤害。其次，地毯对灰尘、家用防腐剂和细碎物品等吸附力也很大，如果不小心把果蔬碎屑或其他脏物撒在地毯上，即使用吸尘器可能也不宜打扫干净，这样许多细菌会潜伏很长时间，严重威胁孕妈妈健康。

语言胎教——《猴子捞月亮》

从前，有只小猴子在井边玩，他看到井里有个月亮。小猴子叫起来："糟啦，糟啦！月亮掉在井里啦！"大猴子听见了，跑过来一看，跟着叫起来："糟啦，糟啦！月亮掉在井里啦！"

老猴子听见了，跑过来一看，也跟着叫起来："糟啦，糟啦！月亮掉在井里啦！"

附近的猴子也听见了，全都跑过来看。大家一起叫起来："糟啦，糟啦！月亮掉在井里啦！咱们快把它捞上来吧！"

于是，猴子们爬上了井旁边的大树。老猴子倒挂在树上，拉住大猴子的脚；大猴子也倒挂着，拉住另一只猴子的脚。猴子们就这样一只接一只，一直挂到井里头，小猴子挂在最下边。小猴子伸手去捞月亮，可手刚碰到水，月亮就不见了。

老猴子一抬头，看见月亮还在天上，他喘着气，说："不用捞了，不用捞了，月亮好好地挂在天上呢！"

胎教密语

小学课本中出现的《猴子捞月亮》可以用来作为语言胎教，孕妈妈一定要有声有色地为胎宝宝阅读。

在阅读过程中孕妈妈边读边想象着月亮倒映在水中的模样，大自然的神奇和奥秘，吸引来了一群小猴子，好奇心驱使他们去捞月亮。猴子们为了达到目的，开动脑筋想出了一个好办法，即一只猴子倒挂在树上，其余猴子一个拉住另一个，直到够到水井里面的月亮。我们暂且不论小猴子们的做法到底能不能把月亮捞起来，他们这种精诚合作、遇事开动脑筋的做法值得人们学习，孕妈妈在为胎宝宝讲述该故事的时候，务必要把这些好品质讲给胎宝宝听，为其出生后好品质的养成奠定基础。

孕妈妈也可以为胎宝宝讲一讲大自然的秘密，例如：月亮为什么会倒映在水里，为什么有时是圆的，有时是弯的……

营养胎教——注意饮食结构，选择开胃、易消化的食物

到了这个阶段，大部分孕妈妈还没有受到妊娠反应的影响，食欲依然很强。因此"一张嘴吃两人份，能吃多少吃多少"便成了许多孕妈妈的饮食原则，于是开始加大日常饮食量。但吃得太多，未必是好事。

因为孕妈妈对食物的需求量是因人而异的，如果一味追求食物的摄入量，反而会适得其反，不但不能为胎宝宝提供更多的营养，还会造成自身饮食紊乱、摄取营养素不均衡，甚至会因此引起身体的超负荷，造成胎宝宝的发育过快。所以，孕妈妈的日常饮食应注重调整饮食结构，均衡营养，根据自身的身体情况来调整。下面为孕妈妈推荐一款补充营养的美食——五色蔬菜汤，此汤中含有丰富的维生素、矿物质等营养成分，能满足孕妈妈和胎宝宝的营养需求。具体做法为：取胡萝卜1根，豇豆、山药各50克，香菇3朵，南瓜100克，盐适量。将胡萝卜去皮切花片；豇豆洗净切段；香菇去柄洗净，剞十字花刀；山药去皮切厚片浸于水中；南瓜去皮切片。将所有材料放入锅中，加入清水，以大火煮沸后，再用小火煮15分钟，加盐调味即可。

给准爸爸的小叮咛——避免性生活

一般来说，孕妈妈过性生活对胎宝宝的影响主要表现在孕早期和孕晚期。所以专家建议孕早期及孕晚期的小夫妻要避免性生活。

◎五色蔬菜汤

胎教心得月记

第五周

你会发现月经没有按时来，此时你需要购买怀孕试纸进一步确认是否怀孕。一旦试纸证明已怀孕，要马上去医院检查。有些敏感的女性会出现类似感冒的症状。如果有这种症状，同时月经还没有来，就要去医院检查，不要随便吃感冒药。

第六周

怀孕后，经常会出现头痛或头痛症状加剧。平时没有头痛症状的孕妈妈在怀孕初期容易出现头痛症状，但是怀孕3个月后这种现象会自然消失。

第七周

这个时候，多数孕妈妈会出现恶心呕吐，即"早孕反应"，并有疲劳感，总是有些困倦，心跳加快，新陈代谢率也有所增高。

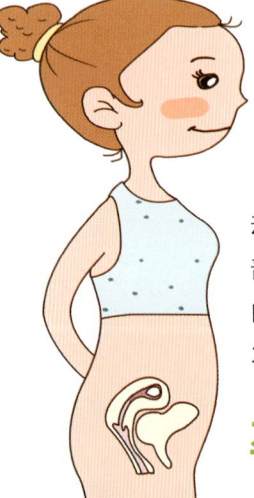

第八周

孕妈妈现在情绪波动很大。怀孕6～10周是胚胎腭部发育的关键时期，如果孕妈妈的情绪过分不安，会影响胚胎的发育并导致腭裂或唇裂。

孕妈妈的现状

Part 2

孕2月

能明显感觉到胎宝宝的存在，幸福感由此而生

不知不觉，你发现自己怀孕了，这时候孕妈妈和准爸爸的心情是激动和兴奋的，但也充满着幸福感。宝贝，你知道吗？我们都盼望着你的到来，妈妈和爸爸会准备好一切等待你的降临。胎宝宝就像小种子一样在孕妈妈的子宫里生根发芽，快乐成长。

胎宝宝的现状

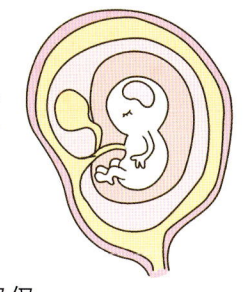

第五周

这个时候胎宝宝仅仅是个很小的胚胎，但是已经能够分辨出头部和尾部了，样子看上去像小海马一样哦！此时，它的器官在分化，大脑、脊柱也在发育，而且出现了心跳。

第六周

经过一周，宝宝已经有松子仁那么大了，四肢开始分开，内脏器官开始形成，神经系统、大脑以及脊柱有进一步发育了。

第七周

宝宝的发育是十分迅速的，这一阶段，宝宝已经长成了10～21毫米的豆子模样。可以通过四肢在妈妈的羊水里游动了，面部器官开始发育，逐渐明显起来。此外，宝宝的心脏开始分出左、右心房了。心跳也很快哦！

第八周

宝宝长到了19～35毫米了，其他器官也开始发育了，耳朵已经逐渐成型了，四肢也渐长，下肢明显分出了大腿、小腿和脚了。

第五周　好小的胚胎

专家在线　本周胎教有问必答

Q 孕妈妈在生活上该注意些什么呢？

A ◎时刻注意自己的情绪变化，积极做好本章提供的胎教内容。
◎如有用药需要，必须和医生商议，待医生同意后再服用。
◎注意流产的轻微征兆，出现孕吐症状时不要因为做家务或工作而一直站立，应保持充分的休息。
◎不喝酒、不吸烟。
◎避免下半身受凉。

本周养胎大事件　了解胎宝宝体重变化

胎宝宝的体重变化

胎宝宝的体重检测法可根据胎宝宝的先露部分（包括胎头或胎臀）是否入盆来计算：

胎宝宝先露部分尚未入盆：胎宝宝体重（克）=[子宫底高度（厘米）－12]×150

胎宝宝先露部分已经入盆：胎宝宝体重（克）=[子宫底高度（厘米）－11]×150

此方法是大致估算的方法，要根据孕妈妈的不同情况进行分析。孕妈妈也可以去专业的孕产医生那里进行咨询，保证胎宝宝的顺利成长。

营养胎教——抗辐射从饮食开始

生活的孕妈妈难免要被迫接受各种辐射,那么哪些食物可以帮助孕妈妈抵抗辐射呢?

营养成分	食物类别
硒	芝麻、麦芽、黄芪、酵母、蛋类、大红虾、龙虾、虎爪鱼、金枪鱼、大蒜、蘑菇等富含硒,微量元素硒具有抗氧化的作用,它是通过阻断身体过氧化反应而起到抗辐射、延缓衰老的作用。含硒丰富的食物首推芝麻、麦芽和黄芪
番茄红素	番茄、红葡萄柚等红色水果,富含一种抗氧化的维生素——番茄红素,以番茄中的含量最高
海带胶质、碱性食物	海带是放射性物质的"克星",海带中含有一种称作海带胶质的物质,可促使侵入人体的放射性物质从肠道排出
维生素E、维生素C	豆类、橄榄油、葵花子油、油菜、青菜、卷心菜、萝卜、鲜枣、橘子、猕猴桃等,富含维生素E和维生素C,具有抗辐射作用,还能将沉淀于细胞内的毒素溶解掉
维生素A、β-胡萝卜素	鱼肝油、动物肝脏、鸡肉、蛋黄、西蓝花、胡萝卜、菠菜等,此类食品富含维生素A和β-胡萝卜素,不但有助于抵抗电脑辐射的危害,还能保护和提高视力

情绪胎教——为孕妈妈打造一个好的情绪氛围

家里亲人,特别是准爸爸,要给怀孕的妻子以更多的温情、关怀和体贴,做好妻子的饮食工作,加强孕期营养,以满足孕妈妈身体需要和胎宝宝生长发育的需要。家人应主动分担家务,让孕妈妈能在一个舒适、和睦、宽松的环境中健康愉快地度过孕期。

另外,家里人还要树立尊重和关心孕妈妈的良好风尚,应营造一个温馨和睦的家庭气氛,让孕妈妈有充足的休息,举办健康、文明的文化娱乐来充实孕妈妈的生活,使其尽快恢复因怀孕而被破坏的心理平衡,大家一起来创造一个有利于优孕、优生的生活氛围和良好的环境是非常重要的。

运动胎教——手臂、骨盆倾斜与环绕运动

到了这个阶段,部分敏感的孕妈妈已经有了一些怀孕的轻微症状。是不是为此而苦恼呢?本小节为孕妈妈推荐一款简单的运动,一方面帮助孕妈妈转移注意力,减轻怀孕带来的不适,另一方面,为孕妈妈及胎宝宝的健康出一份力。

动作解析

1 手臂上举运动。双腿分开,与肩同宽,脚尖向外,双手掌心相对,吸气,腹部和臀部慢慢收缩,双手高举过头顶。(图1)

2 下蹲运动。吸气,弯曲左手臂,用右手拖住左臂臂肘处,然后弯曲膝盖。反方向重复4次。(图2)

3 双脚保持分开,双膝慢慢弯曲,臀部收缩,双手自然叉腰。(图3)

4 臀部向四方进行绕圈运动,顺时针和逆时针各一次,反复练习10次。(图4)

胎教密语

简单、容易的四个小运动,能帮助孕妈妈减少一天下来的疲劳感,唤醒身心。宝宝在妈妈的肚子里也一定能感知到运动带来的乐趣。

音乐胎教——经典胎教音乐欣赏《紫丁香》

注：紫丁香／（荷兰）文森特·威廉·梵高

柴可夫斯基是一位伟大的音乐创作家，他的感情细腻。其音乐基调建立在民歌和民间舞蹈的基础上，因此他的作品中充满了浓烈的生活气息和民间特色。柴可夫斯基习惯于采用起伏的相对主题，利用音乐形象来表达感情状态。他主张音乐一定要建立在真实的生活之上，要有深刻的内涵，因此他的作品以旋律优美、通俗易懂且不乏深刻性而著称。通过他的作品我们可以发现，柴可夫斯基不仅是一位现实主义和浪漫主义结合的典范，而且是一位擅长用音乐表达心理活动的大师。

他创作了许多优秀的世界名曲，而我们今天所提到的《紫丁香》便是其中之一，被众多胎教专家极力推崇。春暖花开，到处弥漫着花香，一边闻着花香，一边听一听柴可夫斯基的胎教名曲《紫丁香》。温情柔美的旋律，幻想着美丽的丁香花开满树枝，花香呼之欲出，相信孕妈妈一定会陶醉在这美丽浪漫的音乐中。

对话胎教——与胎宝宝畅谈一番

带有正面感情色彩的语言会令胎宝宝产生愉快的情绪。同样的道理，负面感情色彩的语言就会使胎宝宝产生不愉快的情绪，如果这种情况持续的时间比较长就会影响胎宝宝的言语和行为能力发育，为宝宝出生后的健康成长埋下隐患。所以专家建议准爸爸及孕妈妈要用正面的语言与胎宝宝说话。

要多多表扬胎宝宝

实验证明，胎宝宝很喜欢那些赞许的、亲昵的语言，如"多香的牛奶啊"、"我们的小宝宝真棒"、"多可爱的小家伙"等。所以孕妈妈及准爸爸可以多使用这样的语言对胎宝宝讲话。

满怀爱意地对胎宝宝说话

孕早期，孕妈妈可配合抚摩胎教来进行语言胎教。例如在午睡或晚上睡觉前，孕妈妈躺下后温柔地抚摩胎宝宝，充满爱意地与他说话，如："宝宝，你好！一天过去了，高兴吗？妈妈爱你，你是不是也爱妈妈呀！""宝宝，妈妈要睡觉了，你和妈妈一块睡，好吗？"

语言胎教——欣赏幼儿童话故事《小熊过桥》

有一只小熊对妈妈说:"妈妈,我好些日子没看见姥姥了,我想去看看姥姥。"妈妈说:"啊,你去的时候,把咱们那束鲜花给姥姥带去,把那一包点心也给姥姥带去!"小熊抱起点心盒子,拿起那束鲜花,说:"妈妈,我走了!"妈妈说:"早去早回啊,替我问姥姥好!"小熊说:"嗯,妈妈再见!"说着就走了。

小熊走着走着,来到一条小河边。河上有一座桥。这桥是用竹子搭的,小熊走到上面就不敢动了,因为走起来左一摇右一晃的,河水还在下边哗哗地响哩!

小熊正害怕,天上飞过来一只乌鸦。这乌鸦不但不帮助小熊,还吓唬他。乌鸦高声喊道:"呱呱呱,坏啦,坏啦!你们瞧啊,小熊要掉下河啦,小熊要掉下河啦!"

小熊本来就害怕,被乌鸦这一吓唬,就更不敢动了。他低头一看河水,河水也在笑话他:"哗哗哗哗,小熊小熊,你怎么这么不勇敢呢,小竹桥都不敢过!这么胆小,太没出息啦,太没出息啦!"小熊一想:乌鸦吓唬我,河水笑话我,这,这可怎么办呢?小熊着急得哭喊起来:"妈妈,妈妈,快来呀!"可是,妈妈离这儿远哪,听不见呀。熊妈妈听不见,可是水里的小鱼儿听见了,他们"扑噜,扑噜"从水里钻出头来,对小熊说:"小熊,小熊,你别害怕,把眼睛往前瞧,别往水下看,你挺起胸,直起腰,迈开步,一二,一二,就过去啦!"小熊听了小鱼儿的话,抬起头,眼睛向前看,挺起胸,直起腰,迈开大步,一二,一二!嘿,真过去了。

过去以后,眼泪还没干,小熊就高兴地笑了。小熊回过头来,冲着小鱼儿直点头:"小鱼儿,小鱼儿,谢谢你们了,再见吧!"。小鱼儿一看小熊平平安安地过去了,都挺高兴,"鼓儿,鼓儿"全都钻到水里去了。

胎教密语

有声有色地给胎宝宝讲一讲动听的小故事,那个小熊本来胆子很小,通过大家的鼓励,终于挑战了自己。孕妈妈也要告诉宝宝,做一个勇敢的好孩子,遇到事情不要怕,敢于挑战自己。

美育胎教
——欣赏名画《梦》

《梦》这幅画作于1932年，可以说是毕加索对精神与肉体的爱的最佳体现。

1927年，47岁的巴勃罗·鲁伊斯·毕加索与长着一头金发、体态丰美的17岁少女初次相遇，从此，这位少女便一直成为毕加索绘画和雕刻的模特儿。又过了17年，64岁的毕加索在给她的生日贺信中说："对我来说，今天是你17岁生日，虽然你已度过了两倍的岁月，在这个世界上，与你相遇才是我生命的开始。"

《梦》这幅画与《镜前的少女》是同一时期完成的作品，二者有着异曲同工之效。我们从视觉效果来看，《梦》的线条更加简洁，只用画笔简单地勾勒出女性的身体，并将其置于一块红色底布上。女人的身体并没有过多的肢体动作，色彩也极其单纯，给人以干净、舒适、和谐的感觉。在从画的背景来看，一切都显得那么朴素、自然，与女人干净的色彩搭配相得益彰，让人产生娴静而优美之感。

胎教密语

《梦》是对爱人的一种体现。孕妈妈在欣赏本画的同时，一定要将浓浓地爱意传递给胎宝宝，并一定要告诉胎宝宝爱是简单而纯朴自然的。

给准爸爸的小叮咛
——告诉胎宝宝"爸爸爱你"

准爸爸可以让家里保持安静状态，让孕妈妈以一种最舒服的姿势躺着，每天花10分钟，告诉胎宝宝爸爸爱你，乖乖地听爸爸的话，和妈妈一起休息好不好？这些口气使胎宝宝充分感受到准爸爸的爱。要知道，胎宝宝对爸爸的声音极其喜欢，准爸爸不要错失与胎宝宝心灵沟通的最佳时机哟！

第六周 小心脏开始扑通扑通地跳

专家在线 本周胎教有问必答

Q 如何清洁皮肤？

A 洗脸前先将头发拢起

洗脸时，发际处的洁面乳清洗不干净，也会使肌肤出现种种问题。所以，在洗脸时应将垂下的头发拢起来，这样便于清洗。

从T字区开始清洗全脸

把洁面乳倒入手中，双手微微用力搓出泡沫。刚刚搓出来的泡沫洗净力最强，要抹在油脂分泌最旺盛的T区部位。用一只手蘸取泡沫，一边抹开一边在脸上画圈。

脸上的泡沫要冲干净

脸上不要有残留的泡沫，注意发际与下巴内侧，要仔细用清水冲洗干净。注意要用温水，且温度不能太高。

本周养胎大事件 到医院确定怀孕

有些孕妈妈在使用早孕试纸检测怀孕后，便以此为据，确定怀孕的事实，而后等到怀孕3个月时再到医院建档确诊。那么，这么做到底是对是错呢？专家认为，即使早早孕试纸显示已怀孕了，孕妈妈也别太过依赖此法，建议孕妈妈也要在本周内去医院接受一次彩色多普勒超声检查。这样做的目的有三：其一，进一步确定是否真正怀孕；其二，确定怀孕状态是否正常和推算预产期；其三，彩色多普勒超声检查还能确定胚胎个数，排除异常妊娠。

营养胎教——多吃含锌量高的食物

孕妈妈也要注意锌的补充，补充充足的锌有助于预防孕妈妈流产及早产。智力的物质基础是大脑中的神经细胞。而锌在促进脑神经细胞核酸的复制与蛋白质的合成中扮演着重要角色，如若锌缺乏，不仅影响脑细胞的分裂与数量，对胎宝宝的视觉、性器官的发育也有影响。

平时可经常吃些牡蛎、动物肝脏、肉、蛋、鱼、苹果、西红柿以及粗粮、干豆等含锌丰富的食物。另外，常吃一点核桃、瓜子等含锌较多的零食，也能起到较好的补锌作用。

为了让孕妈妈既满足口福又达到补锌目的，营养专家为大家推荐一款补锌美食——拔丝苹果，具体做法为：取苹果400克，鸡蛋1个，白糖、淀粉、熟芝麻各适量。将苹果洗净，去皮，去心，切成3厘米见方的块，备用；鸡蛋打入碗中，加入淀粉、清水调成蛋糊，放入苹果块搅拌均匀。锅内放油烧至七分热，下苹果块，炸至苹果外皮脆硬，呈金黄色时，捞出沥油。原锅留少量油，加入白糖，用勺不断搅拌至糖溶化，糖色呈浅黄色很黏起丝时，倒入炸好的苹果，边颠翻，边撒上芝麻，出锅装盘即可。此菜口感酸甜、外脆内软，是孕期补锌的理想美食。

◎ 拔丝苹果

🎨 美育胎教——欣赏波兰诗人切·米沃什的《美好的一天》

多美好的一天啊！
花园里干活儿，
晨雾已消散，
蜂鸟飞上忍冬的花瓣。
世界上没有任何东西我想占为己有，
也没有任何人值得我深深地怨；

那身受的种种的不幸我早已忘却，
依然故我的思想也纵使我难堪，
不再考虑身上的创痛，
我挺起身来，
前面是蓝色的大海，
点点白帆。

——— 画出你认为最美好的一天吧！———

音乐胎教
——《森林中的一夜》

本节为孕妈妈推荐的《森林中的一夜》是由班得瑞乐团演奏的。班得瑞是瑞士音乐公司 Audio Video Communications AG（AVC）旗下的一个音乐项目，其作品以环境音乐为主，也有一些改编自欧美乡村音乐的乐曲，另外还有相当数量的是重新演奏一些成名曲目。而《森林中的一夜》便是其翻唱的名曲之一。

班得瑞版的《森林中的一夜》非常适合做胎教音乐使用。这是因为班得瑞用管乐和民乐翻奏的这个版本，降缓了演奏速度，能让孕妈妈产生舒适的感觉，身心随之放松。乐曲的开头就能使人想起森林中看似寂静的夜晚。寂静的森林夜晚有一轮明月、漫天的星空闪耀、树林的树枝在微光中交错，夜晚而归的小鸟们划破了夜的安静，一动一静，心灵得到了升华。孕妈妈也可以配合在夜晚聆听，还可把这种意境讲给宝宝听。

给准爸爸的小叮咛——协调好工作与妻子的双重重任

准爸爸也应与自己的领导谈谈妻子已怀孕的好消息，并把自己需要照顾妻子的计划告诉领导，以便让公司妥善安排工作日程。但是要注意的是，在谈公事时，不要提你妻子怀孕的种种情况与感受。这时的你可能因为妻子的妊娠反应变得对工作厌倦、工作懈怠或拖沓疏忽。这会使公司同事和领导对你的工作态度感到不满。这个时候，请维持你的专业形象，不要在办公室里到处跟人诉苦。在工作上要比以前更加勤奋，为胎宝宝的出生积攒更多的积蓄，你要向大家证明你即使有个孕初期需要照顾的妻子，但依然很在意自己的工作，有事需要陪妻子时，要确定手边的事情都已告一段落或者交接好以后再去做这件事。当你在家照顾妻子的同时，要主动与公司保持联系，随时掌握工作的最新情况。

注：在深林中（局部）/（俄）伊凡·伊凡诺维奇·布施金

第七周 切实像个"小海马"

专家在线 本周胎教有问必答

Q 孕妈妈做运动应注意哪些？

A ◎ 在运动前补充适量的水分和食物。最好喝上一杯500毫升的矿泉水或果汁，吃些蔬菜饼干、全麦面包等小点心，以获取运动能量。

◎ 注意搭配好衣物：在衣服的选择上，要选择吸汗性好、透气性好、舒适宽松的衣服；鞋子应选择宽松的平底鞋。

◎ 选择好运动场地：最好不要在封闭的空间内运动，公园、绿草地是孕妈妈运动的最佳场所，那里不仅空气清新，而且还会愉悦孕妈妈的心情。

◎ 运动前要先做热身运动，运动结束之后，再进行至少五分钟的缓和运动，让体内的循环系统能够慢慢调整到正常状况。

◎ 避免剧烈运动：选择的运动要尽量平缓，避免选择弯腰、躬身等需要有过大的弯曲和伸展的动作，以保证身体的平衡性。

本周养胎大事件 穴位按摩缓解孕吐

◎ 取内关、足三里与公孙等穴，以指揉法顺时针按摩，即可缓解孕吐症状。

◎ 可揉按手示指（示指）指甲旁的商阳穴3～5分钟，每日1次。

◎ 用拇指按揉足部冲阳、太白穴各10分钟，每日1～3次。

◎ 轻轻按揉足部胃、肝脏、生殖腺、甲状腺反射区各3～5分钟，揉足腹腔神经丛、肾脏、输尿管、膀胱、肾上腺反射区各3分钟，每日1～2次。

◎ 揉按足部内庭穴10分钟左右，即可缓解不适症状。

◎ 按压足部厉兑、隐白两穴10～25分钟。

情绪胎教——摆脱消极情绪

消极情绪包括忧愁、焦虑不安、冲动、急躁、易发怒，孕妈妈由于处在特殊的生理阶段，情绪波动比较大，这些不良情绪无论对于孕妈妈还是胎宝宝，都是不利于其健康的。在孕期努力摆脱这些消极情绪，不仅有利于胎宝宝的身体发育，还能帮胎宝宝塑造一个好的性格！

摆脱消极情绪的好方法

方法	操作方式
与乐观的人相处	尽量常和精神乐观的朋友相处，这样你也会感染到他的快乐情绪，消除不良情绪，培养自己的乐观心态，在这种乐观心态下感受生活的温暖和幸福
自我释放	烦恼的时候，把那些恼人的事情都一一写到白纸上，然后撕掉或烧毁。当看着纸张毁灭的一刹那，仿佛烦恼也消失了
自我暗示	暗示的心理作用是非常强大的。如果孕妈妈在孕期能经常对自己说："没什么大不了的，痛苦会很快过去的。"多说几遍，心理压力自然会小很多
转移注意力	当觉得心情郁闷时，不妨找闺密聊天。聊天是一个很不错的自我释放的方法。和闺密在一起诉说烦恼，烦恼就会减半。或者做些有益身心的事情，会更好地帮你从消极的情绪中摆脱出来。在做事的过程中需要集中注意力，让你没时间去自怨自艾；也有可能在做事的过程中，你会有新的乐观看法产生
愉悦自己	心情不好时不妨宠宠自己！买套一直舍不得买的漂亮孕妇装，剪个适合自己的发型，稍微改变一下自己，这些都会给你带来快乐
运动法	运动法可以帮助你战胜很多疾病。心情不好时做些轻缓的适合自己的运动，体会运动的乐趣，也给自己和胎宝宝增加活力，给自己增加信心

营养胎教
——巧吃食物，抵抗孕吐

到了这个时候，许多孕妈妈都会出现妊娠反应了，其中孕吐是最难熬的一关，专家提醒孕妈妈，巧吃食物，能抵抗孕吐。在此期间应做到饮食丰富、清淡可口、易于消化。此外，以下几种做法能改善孕吐问题。

◎ 为了防止"晨吐"，可以让孕妈妈在床上进早餐。根据其口味，准备一些饼干、烤面包片、熟鸡蛋或香蕉等清淡、营养又好消化的食物。

◎ 丈夫要多给予孕妈妈鼓励，进食后万一呕吐，也不要紧张，先做做深呼吸，放些轻柔的音乐然后再进食。

◎ 进食以后，孕妈妈最好卧床休息半小时，可使呕吐症状减轻。一般情况下，晚间的反应轻，可增加一定的食量。要注意食物的多样化，必要时可适当加餐，以满足母体和胎宝宝的营养需求。

◎ 把进餐时的室内温度调到合适的程度，以让自己感觉凉爽为宜。这样可以在一定程度上减轻孕吐症状。

◎ 避免进食油腻或味道过重的食物，这些食物会让孕吐更严重。

◎ 进餐前如果没有胃口，先吃些咸食垫底。它们可以调节食欲。

◎ 孕吐厉害时可以适当选择凉食。它们会比较容易被身体接受。

◎ 在做饭或就餐后，开窗通风，尽快让油烟和饭菜的味道散出去。

注：有晨吐问题的孕妈妈，早晨起床后可在床上吃早餐。

◎ 孕吐厉害时也可以吃姜。把姜汁冲入牛奶或清水中，或者直接含姜片于口中，都可以有效缓解孕吐症状。

◎ 避免摄入茶、咖啡、薄荷。这三类饮品会加重孕期的孕吐症状，孕妈妈一定要和它们暂时告别。

如果呕吐反复发作，甚至到了影响进食的地步，导致新陈代谢障碍，就是医学上所说的"妊娠剧吐"了。妊娠剧吐如不及时治疗，就会导致胎宝宝营养缺乏而发生畸形。

语言胎教——让胎宝宝听到妈妈的声音

当胎宝宝成长至六周左右时，耳朵已逐渐形成，先是半规管，其次是外耳、中耳及内耳等重要部分。到了第四个月，胎宝宝的脑就会形成。此时的胎宝宝，会把声音当作一种感觉。进入第五个月，内耳部分的蜗牛壳管发育完成，它具有传达声音的作用。此时胎宝宝耳朵的构造已和成人相差无几。随着胎宝宝的不断成长，他的耳朵的各种功能也会继续不断地成长、发达。孕妈妈应该多让胎宝宝聆听一下自己的轻声细语，让他对母亲更加的亲密。

胎宝宝比较喜欢200～1000赫兹的声音高度，这样的音高程度刚好和母亲说话的声音一致。胎宝宝不但听得清楚，而且觉得很舒服。腹中的胎宝宝能根据母亲声音的强弱，敏锐地感觉外界。当胎宝宝成长至四五个月时，就会开始记忆母亲的声音。

胎宝宝对母亲的声音，会有非常敏感的反应，不好的声音对胎宝宝的成长有相当不好的影响。如果母亲有歇斯底里的情形，那么胎宝宝的血压会呈激烈上下浮动状态，有时甚至会引起贫血，甚至会影响胎宝宝的脑发育或性格的养成。如果在胎内，胎宝宝是伴随着噪声而成长的，出生后，会觉得无安全感，有强烈的情绪不安反应。

给准爸爸的小叮咛——与胎宝宝多多交流

从进行胎教开始，准爸爸就要参与进来。今天准爸爸就可以与胎宝宝进行一次沟通。准爸爸与胎宝宝的沟通一般以家庭生活为主要内容。讲话可以从平静的语调开始，随着对话内容的展开再逐渐提高音量。

准爸爸在开始对胎宝宝讲话的时候，可以用抚慰和能够促使胎宝宝形成自我意识的语言对胎宝宝讲话。开场白可以是这样的："宝宝，我是你的爸爸，现在我们要聊天了……"对话结束时，要给胎宝宝适当的鼓励，可以这样说："宝宝真是一个聪明的孩子，好吧，今天就学习到这儿，我们明天再学！"

第八周 像葡萄一样大的"小动物"

专家在线 本周胎教有问必答

Q 哪些水不能喝？

A 久沸或反复煮沸的开水

水在反复沸腾后，水中的亚硝酸银、亚硝酸根离子以及砷等有害物质的浓度相对增加。喝久沸的开水以后，会导致血液中的低铁血红蛋白结合成不能携带氧的高铁血红蛋白，从而引起血液中毒。

没有烧开的自来水

孕妈妈也不能喝在热水瓶中贮存超过24小时的开水，因为随着瓶内水温的逐渐下降，水中含氯的有机物会不断被分解成为有害的亚硝酸盐，对孕妈妈身体的内环境极为不利。

本周养胎大事件 警惕阴道出血

本阶段，阴道出血是一个不能忽视的大问题，一旦发现必须立即就医。目前，发生阴道出血的原因主要有以下几种：

原因	问题解析
流产	阴道出血是孕早期最易发生也是最危险的征兆，这预示着有流产的可能
宫外孕	受精卵在子宫以外的部位着床，统称为宫外孕。在怀孕7～8周时便会产生不正常的阴道出血，甚至有严重腹痛或因腹内大量出血而导致休克
葡萄胎	所谓的葡萄胎，是因为胎盘绒毛滋养细胞异常增生，末端绒毛转变成水泡，水泡间相连成串，状似葡萄

营养胎教
——吃不下时，不必勉强自己

在妊娠反应比较强烈的本阶段，许多孕妈妈的食欲会有所下降，口味也发生了较大的变化，孕前比较喜欢吃的食物，到了本阶段可能激不起孕妈妈的兴趣了，孕前讨厌吃的食物，说不定现阶段成了孕妈妈的新宠。孕妈妈不必为此感到奇怪，更不必强迫自己敞开胃口大吃特吃，这样不仅不能给胎宝宝补充营养，还可能造成适得其反的效果，如加重妊娠反应、消化不良等。另外，本阶段虽然是胎宝宝器官形成的关键时期，但是胎宝宝还小，对营养成分的量要求不高，可是对营养成分的种类要求较高。所以，孕妈妈应合理安排自己的饮食，做到全面摄取营养。

环境胎教
——装点家居，美化心情

温馨舒适的家居装饰能使孕妈妈的身心获得一个非常愉悦、美好的享受。首先，家居环境应以轻松、温馨为基调。房间墙壁的颜色可为粉色、浅绿色或浅蓝色等。这样的墙壁颜色能通过视觉给人一种幽静、轻松的感受，且有利于人们安静入睡和放松心情。同时，客厅可适当栽培一些绿色植物或小型花卉。绿色植物能够通过光合作用释放人们所需的氧气，使孕妈妈减轻疲惫，并促进身体的健康。而花卉无论盆花、插花装饰，均以小型为佳，不宜用大红大紫，花香也不宜太浓。孕妈妈在被花朵装饰得温柔、雅致的房间里，一定有舒适轻松的感觉。

运动胎教——踏步运动

运动时刻到了，到了本阶段，孕妈妈已经尝试了多种形式的胎教。现在来体验一下运动胎教吧！本节为孕妈妈推荐的运动类型，动作和缓、简单易操作，对孕妈妈及胎宝宝的健康也大有裨益。

胎教密语

练习踏步运动时，脚掌需轻轻着地，以免对腹部造成刺激，引发不必要的损伤。

动作解析

1 向前踏步，向前踏 4 步，最后 1 步时，双手拍掌，即一——二——三——拍掌。

2 原地踏步 8 下，双手自然摆动。重复两次。（图1）

3 双手置于髋部，向左侧侧弯。膝盖保持柔软，骨盆收缩。

4 左手臂向外伸，右手臂向内弯曲，右手置于左侧腋窝之下。回到中心，向前伸展手臂，与肩膀同宽。重复 1 次，侧弯至另一边，重复 4 次。（图2）

注：缠毛线／（英）弗雷德里克·莱顿

🎨 美育胎教
——名画欣赏《缠毛线》

弗雷德里克·莱顿是19世纪末英国最有声望的学院派画家。《缠毛线》是其的作品。在这幅画中，体现了他崇敬和向往希腊古代艺术传统的画法。画中人物身着古希腊妇女的贴身连衣长裙，扭转的身姿形成衣裙褶纹的疏密变化，配合身体的自然扭动，将女性人体之美展现得淋漓尽致。

💝 胎教密语

安静、祥和的画面，令人放松，年轻的母女一起缠着毛线，姿态优美、全神贯注。孕妈妈想象着胎宝宝出生长大后也这样和自己一起劳动的场景，心情更加好了。

👨 给准爸爸的小叮咛

结婚以来，你是否每天心安理得地接受妻子的照顾，享受着衣来伸手饭来张口这种"皇帝"般待遇？还时不时地评头论足？

那么，在妻子怀孕的这段时间里，你接替妻子的工作，也做个厨房大管家吧！调理好妻子的饮食，不仅是对她爱的回报，也是对胎宝宝健康的投资。

胎教心得月记

第九周

从怀孕9周开始乳房会明显变大，有时还会伴随疼痛，偶尔能摸到肿块。这也是怀孕时激素导致的结果，所以不用过于担心。下腹部和肋部开始出现疼痛，双腿麻木，同时又紧绷得发痛，腰部也会逐渐酸痛。

第十周

这段时期孕妈妈是否已经注意到自己的腰变粗了，胸部也发生了微妙的变化。孕妈妈还有可能会发现小腹部有一条浅色的竖线颜色变深，这就是初期的妊娠纹，不必担心，这是正常的。

第十一周

身体的外形逐渐出现变化，还能感觉到子宫的增大，大多数孕妈妈会出现便秘，同时阴道分泌物增加。这个时期孕妈妈的基础代谢率比怀孕前增加25%左右，因此应该充分摄取蛋白质和热量。

第十二周

随着子宫上移到腹部，膀胱的压迫减轻，但是支撑子宫的韧带会收缩，因此容易导致腰痛。此时，由于提供给大脑的血液不足孕妈妈容易出现晕眩。

孕妈妈的现状

Part 3

孕 3 月

小豆芽长成了胎宝宝，正式吹响生命的号角

胎宝宝在孕妈妈和准爸爸的精心呵护下，由很小很小的小豆芽逐渐长大了。一个名副其实的胎宝宝形成了。生命在延续和成长，孕妈妈感知这种奇妙的生命吧！小尾巴已经消失了，

胎宝宝的现状

第九周

这一阶段，胎宝宝已经不再是一个小胚胎了，它的小尾巴消失了，已经真正成了一个胎宝宝。此时，胎宝宝的各个器官、神经已经开始工作了。

第十周

胎宝宝这个时候脏腑器官和身体发育进入了活跃期，肺、肾、生殖器官、胃肠系统已经存在，大脑也迅速发育。身体也长出了肌肉。另外，味蕾这个时候也出现了。

第十一周

本周胎宝宝的小动作开始多了起来，吸允、吞噬、踢腿都是正常情况。肝脏和呼吸器官完全形成。此时宝宝骨骼细胞发育开始加速。

第十二周

此时，胎宝宝的手指和脚趾已经分开了，一部分骨骼开始变得坚硬，胎宝宝在孕妈妈的肚子里已经不老实了。另外，胎宝宝的内生殖器官已经生长了。

第九周 小尾巴消失了

专家在线 本周胎教有问必答

Q 早孕期妊娠反应一般会持续多久？

A 早孕反应持续的时间长短因人而异，一般来讲，妊娠反应多在停经40天左右出现，到怀孕3个月（12周）时就逐渐消失。当然，这些反应因人而异，有的人可能一点反应没有，有的人可能一直反应到怀孕五六个月甚至到分娩。

Q 怎样外出最安全？

A 怀孕进入第九周，孕妈妈的腹部并不能明显地凸出，许多上班族孕妈妈依然继续工作。本周仍然是流产的高发期，出行安全就成了孕妈妈要解决的当务之急。乘私家车外出的孕妈妈，坐车的时候，一定要系好安全带，虽然这可能让孕妈妈感到不舒服，但为了自己和胎宝宝的安全，还是忍耐一下吧。调查显示，不系安全带的孕妈妈撞车时的受伤比率比系安全带的孕妈妈高1.6倍。安全带的使用方法也有所不同，要学会使用方法，以免勒到肚中的胎宝宝。

若工作单位离家很近，那毫无疑问步行上班是首选，这不仅能让孕妈妈呼吸到新鲜的空气，而且还能预防静脉曲张和痔疮的发生，有助于顺利分娩哟！当然，每次步行上班的时间不宜过长，一般每次不超过30分钟，走路时的速度也不能太快，以免绊倒或摔跤。另外，建议孕妈妈走路上班时穿着轻便合脚、软帮低跟的鞋子，以减少脚部压力，降低滑倒概率。

对孕妈妈来说，怀孕的惊喜过后，接踵而来的是从未遇到过的体形上的变化，其中最显著的就是由于体内激素急剧变化，胸部和腹部迅速增大。不过，告诉孕妈妈的是，如能精心选择合适的内衣，你的"孕味"将因此而美丽。那么选内衣时该注意些什么呢？

一定要试穿

孕妈妈在选购内衣的时候一定要先试穿，千万不能忽视这个重要的环节。试穿时，背扣最好扣在第二格，穿好之后将双手举高，身体保持这个姿势转动一下，感觉一下胸围是否适合，如果非常舒适就可以购买了。

选择浅颜色比较好

颜色亮丽的布料通常都添加了染色剂和荧光剂，而孕妈妈的皮肤已经变得非常敏感，不宜接触任何化学物质，因此选择内衣的时候最好选择浅颜色的。另外，也不要一次性买很多。此时，孕妈妈略感乳房开始变大，更换孕妇专用内衣是正确的做法，但随着月龄的增加，乳房会不断胀大，特别是到了孕中期、孕晚期，孕早期购买的内衣基本无法满足孕中晚期的需求，所以，此时孕妈妈千万不要有一次性买齐的想法，先买本阶段能穿的就可以了，以后需要更换时再买。选择好内衣后正确的穿法也很重要，孕妈妈可以按照下面的方法试穿。

本周养胎大事件　更换孕妇专用内衣

操作步骤：

1. 将内衣的下胸围部对准乳房下缘，再将内衣的指扣扣上。 ➡ 2. 将肩带调整至最舒服的松紧程度。 ➡ 3. 将靠近腋下的乳房外围部分的脂肪往中间拨。 ➡ 4. 调整一下胸罩的肩带V字处，穿起来会更舒适。

情绪胎教
——学会应对不良情绪的方法

孕妈妈因为怀孕,内分泌发生了变化,加上身体不适,会经常想要发脾气,肝火上升,直接影响身体健康。因此,本小节要教给孕妈妈一些小技巧来克服不良情绪。

平常心对待身边的一切

生活中我们会遇到各种麻烦和不愉快的事情,当面对这些不愉快的事,对于孕育着胎宝宝的孕妈妈来说,应该放宽心思,学会用平常心去面对。有的时候,人们是因为好高骛远而对各种事情有着强烈的欲望,但其实平易淡泊的心态也是保持心情愉快的秘诀。没有了过分的欲望,也就远离了因满足不了欲望而产生的忧愁。

注:写日记是孕期排解不良情绪的好方法。

用写日记排解不良情绪

孕妈妈在不开心的时候,可以写写情绪日记,这是一种自我情绪控制的方法。情绪日记不像一般的日记,记的是每天自我情绪的情况,即每天发生了什么事,孕妈妈有什么感觉,甚至一些微小的感觉也可以记录下来。比如,有天早上起床后,孕妈妈发现天空晴朗,令自己心情十分愉快,但一到办公室,同事告知,领导对孕妈妈昨天办的某件事十分不满,顿时情绪低落下来,心里觉得不太舒服。但错在哪里呢,自己并不完全清楚。此时,就可通过写情绪日记,仔细思考情绪低落的原因,

是觉得焦虑，是觉得有挫折感，还是有愤怒的感觉？如果担心自己的能力不足而受到领导的批评，是焦虑；若想的是自己的事情办砸了，没有达到领导的要求，就是挫折；如果觉得是领导故意挑毛病，否定孕妈妈的工作能力，这就是愤怒的情绪感觉了。在连续记录数周后，对情绪变化的原因进行分析，就可发现情绪低落的根源所在。然后，告诉胎宝宝自己的想法，和胎宝宝进行沟通。

营养胎教——巧吃水果补营养

到了这个时候，很多孕妈妈还在承受着孕吐之苦，对饭菜失去兴趣。但胎宝宝需要营养才能健康发育，母体也需要营养补充才能为胎宝宝提供一个健康的生长环境，既然如此，水果就成了许多孕妈妈补充营养的首选。可是，吃什么样的水果，该怎么吃还要讲究一定的方式方法。那么，哪些水果适合孕妈妈食用呢？

适合孕妈妈吃的水果

水果类别	适吃原因
柑橘	柑橘品种繁多，有甜橙、南橘、无核蜜橘、柚子等。它们都具有营养丰富、通身是宝的共同优点。据营养师分析，柑橘类水果的营养成分十分丰富，其汁富含柠檬酸、氨基酸、碳水化合物、脂肪、多种维生素、钙、磷、铁等营养成分，是孕妈妈不得不补的营养素。但柑橘类水果中胡萝卜素的含量较高，一次性大量食用会出现皮肤发黄等问题，专家建议孕妈妈，每天食用量不得超过3个
梨	梨被誉为"百果之宗"，具有镇静安神、养心保肝等作用
柿子	中医认为，柿子性寒，有清热、润肺生津、止渴、镇咳、怯痰等功效，适用于改善和缓解高血压、痔疮便血、便秘等症。其营养及药用价值均适宜孕妈妈食用。尤其是妊娠高血压综合征的孕妈妈可以"一吃两得"
无花果	中医认为，无花果不仅是营养价值高的水果，而且是一味良药。它性甘味酸平，有清热解毒、止泻通乳之功效，尤其对于痔疮便血、脾虚腹泻、咽喉疼痛、乳汁干枯等疗效显著

音乐胎教
——欣赏蒙古《摇篮曲》

怀孕进入第九周时，妊娠反应时时刻刻影响着孕妈妈的情绪，有些孕妈妈甚至对腹中胎宝宝产生了厌恶之情。这种态度是万万不可取的，对自身及胎宝宝都毫无益处。那么，与其让不良情绪困扰着，还不如听一听这首充满浓浓爱意的《摇篮曲》。这首曲子是来自蒙古的额尔古纳乐队的歌，被收录在《唱起草原的歌》专辑里。额尔古纳乐队由几个对广阔世界充满神思与懵懂的草原男孩儿组成，他们用清澈的嗓音和微妙的配器演绎出身边的感人故事。

蒙古《摇篮曲》用美妙的蒙古语，从婴儿的啼哭声中引出了美妙的吟唱："德勒格日玛，我的蒙古姐姐。你是上天最勇敢最珍贵的蒙古女儿，那浓浓的母语歌谣驱散惶恐的阴霾。你是金星一般温柔的蒙古女儿，漆黑的双眸藏着悲凉的身世，却夜夜为我唱起溪水奶汁一般香甜的古老童谣。在我生命之树的根部，镌刻着你唱的《摇篮曲》。"相信，孕妈妈听到如此美妙、充满深情的歌，低落的情绪也会被浓浓的爱意驱散，那声清澈的婴儿啼哭声能激发孕妈妈博大的母爱，坚定战胜妊娠反应的信心。

注：日出·印象／（法）克劳德·莫奈

语言胎教
——诗朗诵《致大海》

大海的日出，
引起了多少英雄由衷的赞叹。
大海的夕阳，
招惹多少诗人温柔的怀想。
多少支在峭壁上唱出的歌儿，
还由海风日夜，
日夜地呢喃。
多少行在沙滩上留下的足迹，
多少次向天边扬起的风帆，
都被海涛秘密，
秘密地埋葬。
有过咒骂，有过悲伤，
有过赞美，有过荣光。

对话胎教
——为胎宝宝介绍一天的生活

准爸爸和孕妈妈如果能经常与胎宝宝对话，可以促进胎宝宝出生以后在语言方面的良好天赋。如果先天不给胎宝宝的大脑输入优良的信息，其语言的发育进程也会受到影响。

另外，准爸爸和孕妈妈亲切的语调、动听的语言，通过语言神经的震动传递给胎宝宝，会使其产生一种安全感，促进大脑发育，使大脑较早地产生记忆。这样，不仅能增进、加深胎宝宝出生后与准爸爸、孕妈妈的感情，也会使彼此产生熟悉感，利于早期智力的开发，还可使宝宝更愿意同周围环境的人相互交流，促进其健全人格的培养和形成。那么，今天准爸爸及孕妈妈就与胎宝宝展开一场语言胎教吧！

早晨起来的时候，可以向胎宝宝描述一下今天的天气情况。今天是晴天还是阴天、阳光是否灿烂、白云都变成了什么样的形状、有没有风，这些都可以具体地描述给胎宝宝听。也可以把自己和家人的生活讲给胎宝宝听，比如准爸爸去刮胡子时孕妈妈可以说，"爸爸在刮胡子，可是爸爸为什么要刮胡子呢？我们为什么要洗脸？洗手液为什么会起泡呢？"任何一件事情都可以描述给胎宝宝听。也可以给胎宝宝介绍一下小动物，如"宝宝，小兔子有两只大大的耳朵……"

注：准爸爸有空时也可参与到对话胎教里来，例如，为胎宝宝介绍小动物。

给准爸爸的小叮咛
——做好孕妈妈的开导工作

对于妊娠期间孕妈妈的不良精神状态，准爸爸的适当引导和开导工作可是必不可少的。由于生理上和心理上的变化，孕妈妈在妊娠期的脾气和性格会发生一定程度的变化，常会出现烦躁、易怒、紧张、抑郁等情绪波动。面对孕妈妈的不良情绪，准爸爸要做好开导工作，在孕妈妈发脾气、愤怒的时候，准爸爸则应以最宽大的胸襟面对孕妈妈，不仅不可随性地与孕妈妈吵架，还要以讲道理、摆事实、换角度的方法调节孕妈妈的情绪，而且要提醒孕妈妈，发脾气会影响胎宝宝的健康。准爸爸还可以开动脑筋创造一些小惊喜，帮助妻子缓解不良情绪。

第十周 看上去更像个小人了

专家在线 / 本周胎教有问必答

Q 孕妈妈洗澡时需要注意哪些？

A ◎洗澡时间不能太长。每次沐浴的时间以 10～20 分钟为宜。

◎避免坐浴。受怀孕的影响，孕妈妈的阴道免疫力会呈现下滑趋势，若经常坐浴，容易使细菌进入阴道，造成阴道炎、附件炎等疾病。

◎注意洗澡前后的温差不要过大。洗澡前后的温差过大，很容易刺激孕妈妈的子宫收缩，容易造成早产、流产等现象。特别是气温变化较明显的冬季，孕妈妈不宜马上进入高温的浴室中洗澡。

◎不要反锁浴室门。孕妈妈洗澡时要注意室内的通风，避免晕厥，最好不要锁门，以备万一晕倒、摔倒可得到及时救护。

本周养胎大事件 / 午休，恢复体力

有研究表明，午饭后小睡 30～60 分钟有提神、增强记忆力的作用。由于孕妈妈身体负担重，比常人容易感到疲劳，适当的午休是缓解疲劳的最佳方法。

受体内激素分泌增多的影响孕妈妈的体温一般都比常人稍高点，所以孕妈妈的卧室要保持清爽宜人，同时卧室最好采取一些隔音及挡光的相应措施，以免噪声和强光刺激到孕妈妈而影响睡眠质量。

虽然说进行适量的运动有益于孕妈妈的身心健康，但是要注意时间的选择。在运动后人体常会处于一种兴奋的状态，因此，睡前进行剧烈运动很可能会影响到睡眠质量。

情绪胎教——改善因失眠造成的焦躁问题

人类"日出而作，日落而息"的生物性规律被称为"生物钟"。母亲会把感觉明暗程度的讯息传达至胎宝宝脑中，也就是会通知刻在胎宝宝脑中的这种生物钟。人类是自诞生以来，就有所谓"基因记忆"的规律性时钟变化。黑暗时睡觉，天亮时起床。

因此规律、高质量的睡眠，对于孕妈妈和胎宝宝来说十分重要，也是令孕妈妈放松心情、减少压力的好方法。但到了这个月，孕妈妈会受到妊娠反应的影响，难免会出现失眠、睡眠质量差等问题，这很可能使孕妈妈出现焦虑、烦躁、压抑等不良情绪。此时，建议孕妈妈要尽可能调节好情绪，不要因此而影响胎宝宝的健康。

对于因失眠而出现焦躁情绪的孕妈妈们，应想方设法改善失眠问题，这是调节情绪的关键所在。具体方法有以下几种：

第一，睡前喝一杯热牛奶，具有安神之功，能有效提高睡眠质量。

第二，在床头柜上放一个剥开皮或切开的柑橘，其中的芬芳气味可镇静中枢神经，帮助入睡。

第三，孕妈妈还可以听一些舒缓的轻音乐对促进睡眠也有帮助。

营养胎教——孕期喝水学问多

对于孕妈妈来说，为了胎宝宝和自己的健康，要养成良好的饮水习惯。专家建议，孕妈妈在一天中喝水的最佳时刻有7个时段，分别为起床后、早餐前、上午中间时刻、午餐前、下午中间时刻、晚餐前、晚上中间时刻。孕妈妈每天要记得喝水，不要等到口渴了才喝水。口渴是大脑中枢神经发出要求补水的信号。感到口渴说明体内水分已经失衡，需要补充水分。

另外，怀孕后膨大的子宫会压迫膀胱，出现尿频现象，许多孕妈妈因为不想频频如厕而减少水的摄入量，这样不仅对自己的身体极为不利，而且不能为胎宝宝的发育提供良好的环境。

注：切尔瓦拉和她的孩子 ／（法）威廉·阿道夫·布格罗

🎵 音乐胎教——欣赏胎教名曲《妈咪的怀抱里》

《妈咪的怀抱里》是一首胎教名曲，旋律轻快优美，曲调简单柔和，让胎宝宝沉浸在安静祥和的气氛中，仿佛躺在妈妈的怀抱中，那样安全、温暖、舒服、愉悦。《妈咪的怀抱里》有很好的安神作用，可安抚孕妈妈的焦躁情绪，能神奇般地使孕妈妈的情绪尽快舒缓下来。

🔒 胎教密语

在朗读这首诗的同时，孕妈妈可以想象自己的宝宝在那里笑，笑得如此动听，笑得如此快乐。相信无论妊娠多么辛苦，无论情绪多么糟糕，听到宝宝的笑声，一切烦恼都会成为泡影。

🔤 语言胎教——《深笑》

《深笑》——林徽因

是谁笑得那样甜，那样深，那样圆转？
一串一串明珠大小闪着光亮,迸出天真！
清泉底浮动,泛流到水面上,灿烂,分散！

是谁笑得好花儿开了一朵？
那样轻盈，不惊起谁。
细香无意中，随着风过，
拂在短墙，丝丝在斜阳前挂着留恋。
是谁笑成这百层塔高耸，
让不知名鸟雀来盘旋？
是谁笑成这万千个风铃的转动，
从每一层琉璃的檐边摇上云天？

🔒 胎教密语

在朗读这首诗的同时，孕妈妈可以想象自己的宝宝在那里笑，笑得如此动听，笑得如此快乐。

美育胎教
——画出宝宝的小模样

相信每一位孕妈妈都想象过腹中宝宝长得像谁，像爸爸还是像妈妈。那么今天，孕妈妈可以利用想象画出自己宝宝的小模样，孕妈妈可别小看这一简单的举动，能激发浓浓的爱子之情，抵制恼人的妊娠反应。在绘画时，孕妈妈可以一边描述一边画。例如：这是宝宝的脸蛋，粉红粉红的，这是宝宝的小嘴，如樱桃一样红……

给准爸爸的小叮咛
——照顾好妻子

准爸爸对孕妈妈的帮助对于母子双方都是非常重要的。这个时候的准爸爸，应该义不容辞地承担起照顾母子、为妻子创造最佳养胎环境的重任。例如，妻子出门的时候，丈夫应陪伴在其身边，照顾她的出行，避免腹部遭受碰撞。总之，在日常起居的各个方面，照顾和帮助妻子都是准爸爸不能推卸的重任。

画出你心目中宝宝的模样吧！

第十一周 动来动去的小可爱

本周胎教有问必答 · 专家在线

Q 上班的孕妈妈饮食上需要有哪些注意？

A 选择适合自己的食物种类

孕妈妈在怀孕期间由于是一个人要保证两个人的营养，更应该讲究食物的搭配，平衡膳食营养。孕妈妈在吃工作餐时，要特别注意在工作餐中挑选正确的食物，避免吃到那些对孕期不利的食物。

注意补充水果

为了弥补在工作餐中新鲜蔬果不足，孕妈妈在午饭前 30 分钟可以吃点水果，以补充维生素。

本周养胎大事件 · 改换孕妇服

从现在开始就置办孕妇装吧，把自己打扮得时尚些，心情也会好一些，也能让胎宝宝更加健康发育。

选择适合自己的尺码

专业的品牌孕妇装，其尺码标准都是经过很多数据资料研究而来，孕妈妈只要清楚自己的身高与三围数字，就能轻松地找到属于自己的尺码了。

选择易洗、耐洗的外衣

孕妈妈的新陈代谢比较旺盛，经常出汗，需要勤换洗衣服。在购买外衣时，最好选择易洗和耐洗的产品。夏装衣料应以透气、吸汗为原则，以免孕妈妈感到不舒服；冬装最好选择保暖性好、轻便的服装。另外，胸部、腹部、腰部最好不要有硬物束缚，孕妈妈感觉舒服才是最重要的。

情绪胎教
——向胎宝宝传递正能量

在日常生活中，孕妈妈要学会培养自己高尚的情操，调节自己的身心，保持孕期心态平和，这可是胎教中的一项重要内容。孕妈妈要为胎宝宝营造一个优化的生长发育环境。以下是陶冶胎宝宝情操最好的手段，你不妨试一下。

读书有助于培养情操

孕妈妈平时应注意提高自己的文化修养，经常阅读一些高雅的书籍。我们经常说：养心莫如静心，静心不如读书。书籍是知识的源泉，是前人思想和文化的沉积。孕妈妈热爱读书，经常读书，不仅可以增长知识，提高个人的综合素质，而且读书也对健康有益，能使孕期生活轻松，还可以帮助孕妈妈了解纷繁复杂的思想、情感和事件，还能教育胎宝宝将来尊重别人和自己。一本好书，能帮助孕妈妈调节情感，解除烦恼，淡化忧郁心情。

其他妙招

另外，孕妈妈还可以欣赏一些电视中的喜剧、小品表演，或收听一些相声。孕妈妈观看的文娱节目，如电视和电影，情节需要选择，最好能够反映真善美，主题和内容都是积极向上的。

良好的生活习惯有助于培养情操

孕妈妈良好的日常生活习惯，对于胎教来说，也是非常重要的一件事情。良好的生活习惯既是一位女性良好精神修养的外在表现，也体现了一位现代女性应该具备的高尚形象。

孕妈妈应该从生活的点滴做起，如待人接物要礼貌诚恳；为人处世要磊落大方；多一些怜悯、恻隐之心，少一些刁蛮、邪恶之意等。切记平时不可有说话粗鲁、举止骄横、我行我素等坏习惯。

营养胎教
——科学补充维生素 A

孕妈妈在妊娠期缺乏维生素 A，可引起流产、胚胎发育不良、骨骼发育畸形、视觉障碍。含维生素 A 最丰富的是绿叶蔬菜。另外，西蓝花、胡萝卜、黄南瓜、红薯、豌豆、番茄等也含有丰富的维生素 A。

音乐胎教——为胎宝宝献上一支《拍手歌》

孕妈妈可以和准爸爸一起唱这首拍手歌，欢快、可爱，一边带给胎宝宝快乐，一边让孕妈妈追忆美好的童年时代，进而达到调节情绪的目的。

你拍一，我拍一，一个小孩穿花衣。你拍二，我拍二，两个小孩梳小辫。
你拍三，我拍三，三个小孩吃饼干。你拍四，我拍四，四个小孩写大字。
你拍五，我拍五，五个小孩敲大鼓。你拍六，我拍六，六个小孩吃石榴。
你拍七，我拍七，七个小孩坐飞机。你拍八，我拍八，八个小孩吹喇叭。
你拍九，我拍九，九个小孩交朋友。你拍十，我拍十，十个小孩站得直。

"你拍二，我拍二，两个小孩梳小辫"

"你拍一，我拍一，一个小孩穿花衣"

趣味胎教——折只小狗给宝宝

到了这个时候，相信许多孕妈妈都尝尽了妊娠反应之苦，滋生不良情绪是在所难免的事。本小节的内容，能让您的心情豁然开朗。那就是跟着我们一起动手做手工吧！折一只小狗送胎宝宝，这将是胎宝宝出生后最好的见面礼。

步骤解析

1 取一张正方形的彩纸，对折后展开，中间会留下一条折痕。

2 将左、右两边向中间折痕处对折，然后打开。

3 将纸张沿不同方向再次对折，然后展开。

4 将上、下两个边向折痕折叠后打开。

5 按照箭头所示，用手指分别打开右边的上、下两个边。

6 将折叠后的三角形还原。将折纸左边的矩形向后翻折。

7 将整个折纸的上部向后折。

8 按箭头所示，将右边的三角形展开。

9 将右边三角形两个顶角向上翻折。将右边四边形的底角向后折。

10 如图所示将左边角向右边折叠。

83

第十二周 小家伙会打哈欠了

本周胎教有问必答 · 专家在线

Q 如何应对孕期长痘?

A 怀孕之后,部分孕妈妈的脸上会出现青春痘,此时又不能擅自用药,此问题的孕妈妈该怎么办呢?

◎ 保持脸部及全身的清洁。

◎ 早睡早起,养成良好的起居习惯,因为熬夜对肌肤的伤害很大。

◎ 平时多喝水,尤其是在早上起床进食前喝一大杯水,可以清肠润胃。

◎ 排便要有规律,最好一天一次,并坚持这一习惯。

◎ 孕妈妈要注意饮食,多吃蔬菜、水果,少吃油炸、高热量及辛辣食物。

该去医院建档啦 · 本周养胎大事件

就近建档最明智

孕妈妈其实没必要往那些知名的三甲医院扎堆,可以在家附近的社区医院或二级医院建档产检。只要该医院有助产技术服务资格和母婴保健能力就可以。这样一来孕妈妈既可免去排队挂号的烦恼,又可以快捷地到达医院,避免了来回路上的奔波。

及早了解计划分娩医院的建档要求

如果选择在大的三甲医院产检、建档并分娩,那么,建议你及早去医院了解建档的各种要求,以免错过建档时间。

为建档做好充分准备

为了让产检顺利些,孕妈妈应该对穿着、需要携带的东西事先做好准备。

🧘 运动胎教——颈背部放松

纷繁的胎教模式频繁出现，相信孕妈妈有些应接不暇了吧？下面请大家放下书本，跟着我们一起来做一做这套简单高效的颈背部放松运动。

颈部放松

动作解析

1. 孕妈妈舒适地坐在瑜伽垫上，呈盘腿坐姿，双手自然地放在膝盖上，手心向下，目视前方。（图1）

2. 头向右侧偏，目视右上方，稍停片刻后头部向左侧偏，目视左上方。（图2）

3. 紧接上一步骤，仰头，目视正上方，稍停片刻后，将头部下垂，呈低头状，目视下方。（图3）

4. 头部回正，目视前方。头部按顺时针方向做绕颈运动，绕颈的同时动作不要太大，也不要过快，以免引发头部眩晕。（图4）

背部放松

动作解析

1. 孕妈妈呈盘腿状舒适地坐在地板上，双腿向前伸直双手在胸前交叉，向前伸直双臂。（图5）

2. 双臂向上缓缓举起，挺直后背，吸气。（图6）

3. 在慢慢呼气的同时，缓慢地放下双臂。

美育胎教
——欣赏名画《农民的婚礼》

《农民的婚礼》出自彼得·勃鲁盖尔之笔。彼得·勃鲁盖尔是16世纪尼德兰地区最伟大的画家之一。他的一生以农村生活为创作题材，被人们誉为"农民的勃鲁盖尔"。他善于构思，天生幽默，喜爱夸张的艺术造型，因此，人们又送给了他一个雅号——"滑稽的勃鲁盖尔"。在他的作品当中，继承了博斯的艺术风格，又被誉为"新博斯"。他是欧洲美术史上第一位"农民画家"。

在这幅《农民的婚礼》中，作者虽然没有花费重彩描绘婚礼场面，但朴素的场景中却自然流露出热闹的氛围，并将农民们的朴实、热情表达得淋漓尽致。对于婚礼来说，新娘和新郎是主角。在这幅画中，墙上的一席绿色帘布让我们发现了这场婚宴的主角——新娘。新娘满意地坐在一个纸糊的花冠下方，头上也戴了"宝冠"。即使坐在后排，也使人们一眼辨认出她的特殊身份。新娘幸福地闭着眼睛，双手交叠在一起，似乎脱离了喧闹的环境，独自陶醉在对婚姻的冥想和期待里。红扑扑的脸蛋儿虽然并不漂亮，但挂在嘴角的那抹幸福的微笑却为她增添了许多光彩。

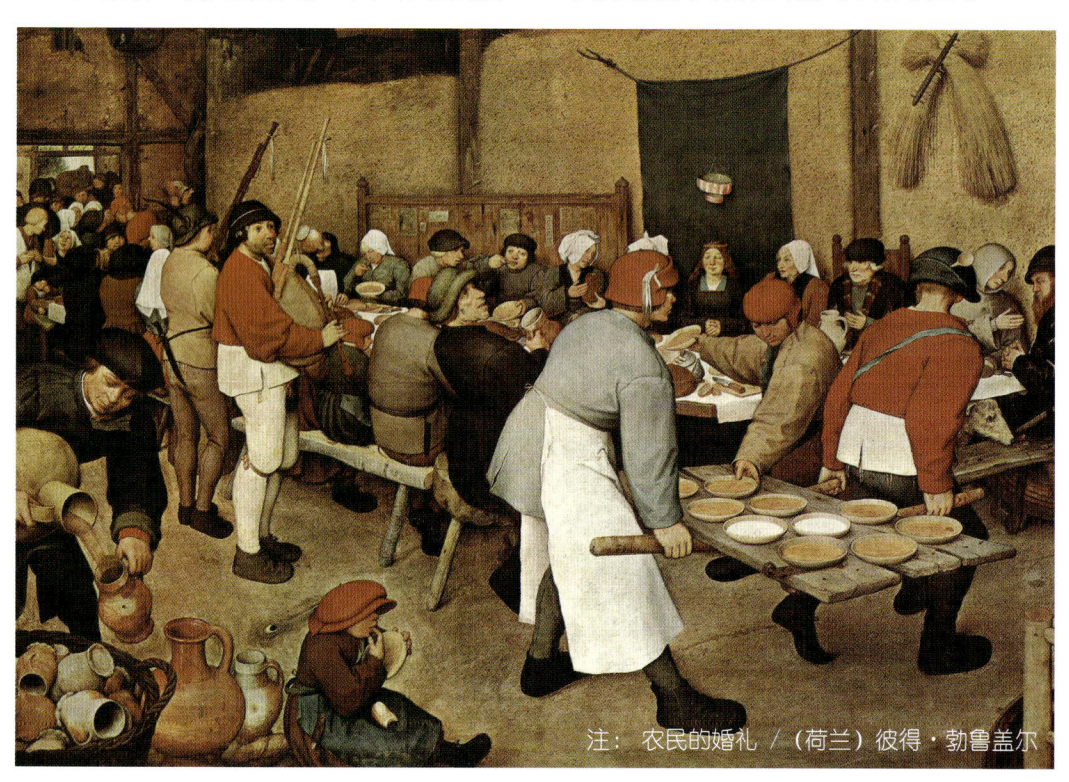

注：农民的婚礼 /（荷兰）彼得·勃鲁盖尔

语言胎教——欣赏《我为少男少女们歌唱》

《我为少男少女们歌唱》这首诗歌是由何其芳创作，发表于 1941 年。诗人何其芳，四川万县人。自幼喜爱中国古代诗词小说，1929 年到上海入中国公学预科学习，读了大量新诗。1931～1935 年在北京大学哲学系学习。代表作品有诗集《预言》、散文集《画梦录》等。

我为少男少女们歌唱。
我歌唱早晨，我歌唱希望，
我歌唱那些属于未来的事物，
我歌唱正在生长的力量。
我的歌呵，你飞吧，
飞到年轻人的心中，
去找你停留的地方。
所有使我像草一样颤抖过的，
快乐或者好的思想，
都变成声音飞到四面八方去吧，
不管它像一阵微风，
或者一片阳光。
轻轻地从我琴弦上，
失掉了成年的忧伤，
我重新变得年轻了，
我的血流得很快，
对于生活我又充满了梦想，
充满了渴望。

胎教密语

诗中诗人满腔热情地为少男少女歌唱未来，歌唱正在生长的力量，从而表达出对新生活的热爱和对年青一代的美好祝愿。

给准爸爸的小叮咛——陪妻子去产检

到了这个时候，孕妈妈该到医院建档并做第一次孕期检查了。此时，准爸爸可千万不能缺席。特别是初次怀孕的孕妈妈，对产检内容一无所知，心中难免会出现一些担忧，例如担心胎宝宝发育不良、担心产检过程中很痛……有了准爸爸的陪伴，孕妈妈的担忧会相对减轻。此外，建档的程序较多，那些跑上跑下的工作，还得由准爸爸来承担。为了妻子着想，请尽量安排时间，陪妻子一起迎接第一次产检吧！

胎教心得月记

第十三周

进入孕13周，腹部隆起得虽然不是很大，但是臀部、腰部和大腿上已经有明显的赘肉，而且平时的衣服都不合身了。

第十四周

由于孕激素水平的升高，小肠的平滑肌运动减慢，使孕妈妈遭受便秘的痛苦。同时，扩大的子宫也压迫肠道，影响其正常功能。

第十五周

此时流产的概率降低，因此应该保持平和的心态。虽然离预产期还有很长一段时间，但是乳房内已经开始生成乳汁。

第十六周

随着食欲的增强，孕妈妈的体重会迅速增加。此时，下腹部会明显变大，所以周围的人对其怀孕的事实一目了然。

孕妈妈的现状

Part 4

孕 4 月

胎宝宝已经可以在孕妈妈的腹中做各种动作，做好一切准备，迎接最幸福的亲子时刻吧

进入孕4月了，恼人的妊娠反应症状消失了，孕妈妈迎来了孕育的黄金时刻。赶快推进胎教的进程，让各式胎教为打造优秀宝宝而发挥光和热吧！

胎宝宝的现状

第十三周

此时，胎宝宝的神经系统已经逐渐完善，而且胎宝宝已经有了指纹。另外，胎宝宝对孕妈妈的抚摩有了感知会自己蠕动起来，但是孕妈妈还不能感觉到。

第十四周

这个时候，胎宝宝已经有成人拳头大小了，脖子和颈部已经长长了，面部的轮廓也发生了变化，眼睛开始从头部两侧向脸部移动，鼻梁和面颊开始逐渐清晰。此外，胎宝宝的外生殖器官逐渐明显。

第十五周

此时，胎宝宝皮肤上已经开始长出细微的汗毛了，头发也开始长出，肌肉仍在继续发育，骨骼变得更加坚韧，腿部长得比臂部长。而且时不时地还有一些皱眉、眯眼的小动作。

第十六周

胎宝宝在这个时候会"打嗝"了，这是呼吸的前兆。此外，胎宝宝的指关节开始会活动了。喜欢乱动的胎宝宝，孕妈妈开始能感知到了，这就是我们常说的胎动。

第十三周 宝贝越来越漂亮

专家在线 本周胎教有问必答

Q 胎宝宝能听到孕妈妈的声音吗？

A 当胎宝宝成长至 6 周左右时，耳朵已逐渐形成。先是半规管，其次是外耳、中耳及内耳等重要部分。到了第四个月，胎宝宝的脑就会形成。此时的胎宝宝，会把声音当作一种感觉。进入第五个月，内耳部分的蜗牛壳管发育完成，它具有传达声音的作用。此时胎宝宝耳朵的构造已和成人相差无几。随着胎宝宝的不断成长，他的耳朵的各种功能也会继续不断地成长、发达。孕妈妈应该多让胎宝宝聆听一下自己的轻声细语，让他对孕妈妈更加的亲密。

本周养胎大事件 生物钟胎教计划

下面的"生物钟胎教计划"可给孕妈妈和准爸爸一个参考。

◎ 7：00 体温上升，脉搏增加。孕妈妈要去妇产科检查，可以选择在这个时间段出门。

◎ 10：00～11：00 这个时间段内是应对不安情绪的理想时段。

◎ 12：00 此时，孕妈妈的视力处于最佳状态，可欣赏些美术作品，进行美育胎教。

◎ 13：00～14：00 记忆力会有所减弱。孕妈妈可小睡 30 分钟。

◎ 15：00 各种机能处于最高运作阶段。孕妈妈可以做一些简单家务事。

◎ 16：00 人体运动细胞处于最活跃的状态，孕妈妈可外出散步。

◎ 17：00 食欲最旺盛的时间。如果想吃东西可适当地吃一些可口食物。

◎ 20：00～23：00 这个时间是听神经最敏感的时间，也是最佳胎教时间。

营养胎教
——大量补充蛋白质

到了这个阶段，大多数孕妈妈的妊娠反应都慢慢消失了。胎宝宝进入了快速生长发育期。而蛋白质是生命的物质基础，不仅可促进胎宝宝的身体发育，还是大脑发育不可缺少的营养物质。

值得注意的是，无论哪种蛋白质都要均衡摄入，因为蛋白质能够和某些感染因子发生反应，杀灭病原菌并将其排出体外。平时，孕妈妈可多吃含蛋白质丰富的食物，如蛋类、牛奶类、肉类、鱼类等都是动物性蛋白质的理想来源；而豆浆、豆腐及其他黄豆制品则是植物性蛋白质的理想来源。

鉴于蛋白质对孕妈妈及胎宝宝的重要作用，专家为孕妈妈们推荐一款既美味又可补充蛋白质的美食——肉末豆腐，具体做法为：豆腐400克，猪肉馅100克，蒜末、泡红椒各适量，生抽1小匙，水淀粉1大匙，辣椒酱、盐各适量。将豆腐切成2厘米左右的方块；泡红椒切成末。锅内加少许油，放入猪肉馅炒稍干，放入蒜末、泡红椒末、生抽和水，煮5分钟。放入豆腐块，煮10分钟，放入水淀粉，用铲子推着豆腐，让豆腐都沾上水淀粉，加盐调味即可。肉末和豆腐一起搭配，可以提高人体对蛋白质的吸收利用率。

◎ 肉末豆腐

环境胎教
——为胎宝宝打造舒适的温床

打造舒适的子宫内环境

孕妈妈要注意休息，避免经常下蹲劳动或干重活，使腹压增加。孕妈妈也要注意避免饮食刺激温床，要减少高脂肪食物的摄入，高脂肪食物会促进某些激素的生成和释放，而子宫肌瘤的形成与大量雌激素刺激有关，因此要坚持低脂肪饮食，同时要多喝水、保持膳食结构合理。

保证睡眠充足

孕妈妈在怀孕期间保持良好的睡眠，专家建议，孕妈妈每天除了保证8小时的夜间充足睡眠外，还应该在白天至少有1个小时的休息时间，孕妈妈要非常注意自己的睡眠数量和质量。

注：与准爸爸一同为胎宝宝开场音乐会。

🎵 音乐胎教——为胎宝宝举办一场音乐会

亲自为胎宝宝唱歌

孕13周，由于孕吐的渐渐消失，孕妈妈的心情逐渐好起来。此时，不妨给胎宝宝举办一场音乐会，孕妈妈可以亲自为胎宝宝歌唱一曲，也可以邀请准爸爸一同参加音乐会，由孕妈妈演奏，准爸爸歌唱，也是不错的选择。胎宝宝对准爸爸的歌声可是倍加喜爱哟！

聆听胎教名曲《莫扎特A大调单簧管五重奏》

现在是胎宝宝大脑发育的第一个黄金期。莫扎特的音乐因为节奏符合人类脑波，因此，最适合作为胎教音乐。这里推荐孕妈妈听《莫扎特A大调单簧管五重奏》（第一乐章）这部五重奏的乐曲是莫扎特的代表作之一，充满想象，轻快的感觉仿佛清泉在林间欢唱。

整个乐曲将单簧管如丝般的清新音色与莫扎特开朗的性格巧妙地融合在一起。第一乐章略带怀旧心情有点惆怅，第二乐章恬静中略带忧伤，第三乐章则完全充满了轻快跳跃的快乐气氛，把莫扎特的阳光，莫扎特的真性情，都融在其中了。

趣味胎教——折只纸鹤送宝宝

纸鹤是爱的象征，孕妈妈亲手为胎宝宝折纸鹤，这份浓浓的爱意一定可以被胎宝宝感知。

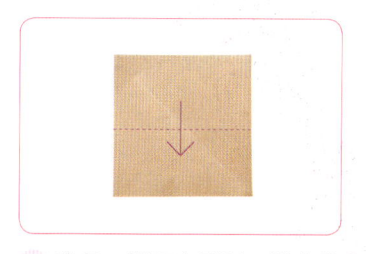

1 准备一张正方形纸，沿虚线向箭头方向折叠。

2 沿虚线向箭头方向折，折出双正方形。

3 沿虚线向箭头方向折。

4 将上端拉出来压实折痕。

5 背面方法同步骤4。

6 沿虚线向箭头方向往下折。

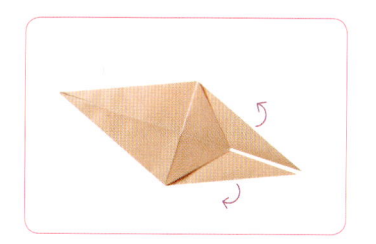

7 将上面两角向箭头方向压折。

8 沿虚线向箭头方向折，背面也一样。

9 沿虚线向箭头方向折。

给准爸爸的小叮咛——性生活不可强求

告别了孕早期，孕妈妈迎来了感觉稍微舒服一点的孕中期。这段时间，孕妈妈显得比较有活力，流产的发生率大幅度降低。此时，夫妻可以进行适度的性生活。但是，许多孕妈妈会因顾虑到胎宝宝的健康而表现出不同程度的性欲低下，此时的准爸爸应给与充分的理解，切不可因此而责备妻子，或表现出失望的神情。

第十四周 人的特征更加明显了

本周胎教有问必答 · 专家在线

Q 孕期眼睛为什么会感到不适？

A 怀孕会影响泪液膜的质与量，在怀孕末期约有80%的孕妈妈泪液分泌量减少，且结膜杯状细胞受怀孕期间激素的影响而减少，会导致尿液素层分泌减少，使得泪液膜的均匀分布受到破坏。而怀孕期间眼睑的水肿会导致眼睑易发炎，破坏油脂层的分泌，使得泪液膜中的水液层更易蒸发。所以泪液膜量的减少及质的不稳定，容易造成"干眼"症状，这给戴隐形眼镜的孕妈妈造成了很大的麻烦。

另外，怀孕期间，为了给胎宝宝创造一个好的生长环境，母体会发生很多变化，这些身体上的功能性变化，同样会影响眼睛。

本周养胎大事件 · 控制体重

进入孕中期，孕妈妈的体重应该每四周增加两千克左右，但是也有体重增加超过3千克的情况。体重的过分增加，会导致难产、胎宝宝发育停止、妊娠糖尿病、孕期高血压等，所以要特别注意控制体重。孕妈妈在此时期食欲会变得很旺盛，因此很容易超重，所以这时应该给自己确定分娩前的目标体重，并每天记录体重。如果一周内的体重增加超过0.5千克，孕妈妈就应该注意均衡地摄取所需的营养，同时减少碳水化合物的摄取量来进行体重控制。孕妈妈的理想体重到底是多少呢？下面为孕妈妈提供一个公式，一起来计算一下吧！理想的体重（千克）= 身高（厘米）-100。

营养胎教
——巧烹调，留住大营养

孕期的孕妈妈"一人吃两人补"，需要大量的营养物质。如何把日常食物中的营养锁住，最大限度地输送给孕妈妈和胎宝宝呢？在烹饪过程中不妨使用以下的小窍门，可让你轻松锁住营养！

巧烹调：最大限度地留住钙

◎ 含草酸的蔬菜先汆烫：对于菠菜、苋菜等含草酸比较多的蔬菜，要先汆烫一下再炒，这样可以减少草酸摄取，从而避免草酸钙的生成。

◎ 做醋炒豆芽、炖排骨、做小酥鱼等食物时加点醋，会帮助钙被身体更好地吸收。

◎ 食材搭配要"强强联手"：豆腐富含钙质，鱼富含维生素 D，而维生素 D 可以帮助"锁"住钙质。不妨做道鲫鱼炖豆腐，让它们"强强联手"，增加体内的钙。

巧烹调：最大限度地留住维生素 B_1

◎ 用煮米饭的烹制方法，维生素 B_1 仅仅能保存 33%；用碗蒸的办法，维生素 B_1 的保存率就提高到了 62%。

◎ 标准面粉，炸成油条，维生素 B_1 基本全部"溜走"。但如果制成烙饼，维生素 B_1 的保存率就可达到 79%。

◎ 粗粮含有丰富的维生素 B_1，却不好消化。嚼吃整粒的玉米，消化吸收率就打折扣了。但如果把鲜玉米粒磨成糊状，再制成饼，那就好消化多了。

巧烹调：最大限度地留住胡萝卜素、番茄红素

这两类营养素是抗氧化剂，有助于提高人体的抵抗力。但它们喜欢和油搭档，所以它们溶解在脂肪里时才易被我们人体吸收。因此，下次吃番茄、胡萝卜时记得用油烹食。

注：用醋炒豆芽能最大限度地留住豆芽中的营养。

🏃 运动胎教——山立式健身操

进入孕中期，胎盘稳定，孕妈妈可以开始进行适度的孕期健身操，这不仅有益于身体健康，还有利于顺利分娩。本阶段，孕妈妈可跟着我们一同做一做山立式健身操，对您及腹中胎宝宝都大有裨益哟！

动作解析

1. 将双脚内侧并拢，收紧小腿肌肉，感觉膝盖向上提，膝盖周围的韧带自然收紧，收紧大腿肌肉，将双臀自然夹紧。

2. 双手自然地垂放在身体两侧。脖颈向上伸展，下巴与地面平行，并且稍向内含，这时全身的重量均匀地分布在两个脚掌上，不要感觉脚尖、脚跟或脚外侧缘的某一部位单独受力。

- 目视前方
- 脖颈向上伸展
- 下巴与地面平行
- 臀部自然夹紧
- 双手自然垂放在身体两侧
- 收紧大腿肌肉
- 膝盖向上提，周围的韧带自然收紧
- 将全身重量均匀地分布在脚上，感觉脚尖、脚跟或脚外侧的某一部位单独受力

抚摩胎教
——与胎宝宝亲密接触

此时的孕妈妈总是喜欢抚摩自己的腹部，以感觉胎宝宝的存在，这不是抚摩胎教。那么怎样才叫抚摩胎教呢？抚摩胎教是指有意识、有规律、有计划地抚摩胎宝宝，以促进胎宝宝的感觉系统发育。

医学研究表明，胎宝宝体内大部分细胞具有接受信息的能力，并且通过触觉神经来感受体外的刺激，而且反应渐渐灵敏。父母可以通过抚摩的动作配合声音与子宫中的胎宝宝沟通信息。这样做可以使胎宝宝有一种安全感，还能使胎宝宝感到舒服和愉快，有效促进胎宝宝神经发育。

如何做好抚摩胎教

抚摩胎教并不是毫无规律可循的，可从胎宝宝头部开始，然后沿背部到臀部至肢体，轻柔有序。每晚临睡前进行，以每次抚摸 5～10 分钟为宜。

◎叩击腹部是指孕妈妈用双手稍握，轻轻叩击腹部，时间以 3～5 分钟为宜。这种胎教方式需根据月份不同而有所调整，开始时胎宝宝可能没有什么反应，随着叩击次数的增多，胎宝宝会积极配合。

◎轻轻抚摩腹部。这是指孕妈妈用双手轻轻抚摩腹部的一种方法，在抚摩时孕妈妈必须集中注意力将母爱传给胎宝宝，等待胎宝宝做出回应。此种方法，孕妈妈可以根据胎宝宝的反应决定。

音乐胎教
——欣赏胎教纯音乐《听海》

《听海》是一首非常动听而温馨的胎教纯音乐。潮涨潮汐，日出日落，开篇清澈的海浪声能轻易地将听者带到大海的面前，伴着温和而潮湿的海风，偶有海鸟的叫声从远处划过，此刻，你可以想象着和胎宝宝一起躺在温柔的海水中，身体随着海浪摇摆，仿佛一切的烦恼、不适、担忧都能随着海浪飘散在广袤的大海中。此时，你还可以低下头，轻轻地对胎宝宝说："宝贝，这就是大海，广阔而深远。海水是咸咸涩涩的味道，水中生存着大量的动物，有鱼、虾、海龟、海豚……等你长大了，爸爸妈妈会带你去体验真正的大海，妈妈希望你拥有像大海一样广阔的胸襟。"

胎教密语

孕妈妈在聆听这首动听的胎教音乐时，可以选择一个舒适的体位，仰卧是最佳选择。听音乐时，最好选择一个安静的环境，杂乱的氛围不适合听此音乐，即便勉强去听，也很难将音乐胎教的作用发挥到极致。

知识胎教——推荐给孕妈妈的几本好书

前面我们已经向孕妈妈介绍了读书的益处，此处就为孕妈妈推荐几本孕期值得一读的好书：

内容简介

《40周孕妇养胎百科》分为孕前、怀孕、分娩、产后四个部分，内容涵盖了孕前准备、受孕全过程、怀孕期间孕妈妈身体及心理变化、胎宝宝的生长、孕期生活指导、准妈妈的饮食营养、胎教课堂以及新妈妈产后调养，为准妈妈解答种种孕期所遇到的问题，提供完整而专业的资讯，称得上是一本轻松度过孕期的必备宝典！希望准爸爸和准妈妈通过阅读本书，能够在优孕、胎教、分娩过程中得心应手！

内容简介

这是一本周红娟医生为2000万孕妈妈用心编写的孕期营养指导全书。作为一名广受孕妈妈信任和喜爱的妇产科医生，周医生将临床10余年的经验和专业知识融入本书之中，全程关注并呵护孕妈妈10个月的幸福孕程。

内容简介

这本书是育儿图书中最全面、最接地气的唯一一本由育儿专家李明辉编写，为妈妈细致讲解0～3岁宝宝成长发育标准、养育护理、辅食添加与营养餐、早教启蒙、亲子游戏、身体不适对策等要点，书中列出了几百个生活中妈妈最头痛、最关心的育儿难题，并一一给予详细解答，面面俱到。

内容简介

虽然目前市场上的育儿书籍数不胜数，但是，《郑东旖育儿经》的作者郑东旖研究儿童预防保健这一领域已经20年，做妈妈也已经11年，充分利用了她的双重角色，把这两方面的知识很好地融合起来。作者郑东旖根据自己多年的工作经验和育儿经验，按照孩子从出生到3岁的时间顺序，把一些最科学、最实用的儿童保健知识以最生动的方式告诉新爸爸、新妈妈，让每一位读这本书的父母都能从中有所收获。

语言胎教——为胎宝宝朗读经典童话故事《三个和尚》

许多孕妈妈都可能听过《三个和尚》这首歌，歌词充满童趣，韵律非常轻松。那么今天我们来读一读这则经典的童话故事吧，能给你带来不一样的感受哟！

从前有一座山，山上有座小庙，庙里有个小和尚。他每天挑水、念经、敲木鱼，给案桌上观音菩萨的净水瓶添水，夜里不让老鼠来偷东西，生活过得安稳自在。不久，庙里来了个高和尚。他一到庙里，就把半缸水喝光了。小和尚叫他去挑水，高和尚心想一个人去挑水太吃亏了，便要小和尚和他一起去抬水，两个人只能抬一只水桶，而且水桶必须放在扁担的中央，两人才心安理得。这样总算还有水喝。后来，庙里又来了个胖和尚。他也想喝水，但缸里没水。小和尚和高和尚叫他自己去挑，胖和尚挑来一担水，立刻独自喝光了。从此谁也不挑水，三个和尚就没水喝了。

大家各念各的经，各敲各的木鱼，观音菩萨面前的净水瓶没人添水，花草也枯萎了，夜里老鼠出来偷东西，谁也不管，结果老鼠猖獗，打翻了烛台，燃起了大火。三个和尚这才一起奋力救火，大火被扑灭了，他们也觉醒了。

从此三个和尚齐心协力，水自然就更多了。

胎教密语

这是一个非常有意义的胎教故事，孕妈妈给胎宝宝讲完故事后，可以将故事中反映的人生哲理解释给胎宝宝听。孕妈妈可以这样对宝宝说："宝贝，这是一个既简单又有趣的小故事，故事中为什么一个小和尚有水喝，两个和尚抬水喝，而三个和尚没水喝呢？因为每个和尚都很自私，他们不想比别人付出得更多，宁可大家承受口渴之苦，也不肯去挑水。但是一场大火使他们觉醒了，他们终于肯团结起来，互相合作，这样自然就都有水喝了。我的宝贝，我们每个人都生活在集体中，不能只考虑自己的得失，而忽略了集体的利益。只有大家团结起来，每个成员都发挥出自己的能量，才能使整个集体强大起来。"

第十五周 看！他在打嗝

专家在线 本周胎教有问必答

Q 孕妈妈能去 KTV 唱歌吗？

A 有些孕前就喜欢唱歌的孕妈妈认为，这个时候胎宝宝已经稳定了，流产发生率很低了，去 KTV 唱歌没什么。

但事实可不是这样，KTV 包厢为了达到隔音目的，基本都属于密闭环境。这就造成了室内空气污染较重。如果朋友在里面吸烟，环境会更糟糕，对于孕妈妈来说，长时间处于烟雾缭绕、空气不流通的环境中，会出现自身抵抗力下降，容易诱发感冒、头痛等不适症状。

所以，专家建议孕妈妈，怀孕后最好少去或不去 KTV，暂且忍耐一下吧！如果实在想唱歌，可以在家里与家人一起唱。但要注意音响的声音大小，也不宜长时间进行。

本周养胎大事件 口腔问题

孕期是女性生命中的特殊时期，怀孕期间最容易发生口腔问题。

误区1：天天用漱口水冲洗口腔

许多孕妈妈总觉得嘴里有味道，于是天天使用漱口水冲洗口腔。事实上，口腔保健专家不提倡天天使用漱口水。倘若经常食用漱口水清洁口腔，就会造成口腔内的菌群失调，从而诱发多种口腔疾病。如果想清理口腔，最好的办法是天天坚持刷牙。

误区2：刷牙直上直下，持续时间短

每次刷牙时间至少持续3分钟，这样才能彻底有效地清除口腔细菌，对于比较难刷的部位，可借助漱口水或牙线配合清洁。但要注意的是，漱口水和牙线不能天天使用，隔几天清洁一次即可。

营养胎教——常吃干果为胎宝宝的大脑发育助力

坚果种类繁多，有些坚果并不适合孕妈妈吃，因此孕妈妈在选择坚果时应了解坚果的功效，选择适合自己身体需要的坚果，并采取正确的吃法，这样补益效果会更佳。具体可参照下面的表格。

干果类别	主要功效	食用方法
核桃	可补脑、健脑、镇咳平喘，促进造血和伤口愈合，是孕妈妈冬季的首选零食	核桃可以生吃，也可以加入适量盐水，煮熟吃，还可和薏苡仁、栗子等一起煮粥吃
花生	含丰富的优质蛋白质和不饱和脂肪酸，易被人体吸收，花生皮还可补血	可以与黄豆一起炖汤，也可以和莲子一起放在粥里或是米饭里。最好不要用油炒着吃
杏仁	可降气、止咳、平喘、润肠通便，能有效预防孕期便秘	杏仁有小毒，不宜多食。市场上销售的多是袋装的杏仁，如不喜欢，可以尝试一下带杏仁的巧克力
瓜子	可补充母子所需的不饱和脂肪酸，利于胎宝宝脑发育，孕妈妈嗑瓜子时，其香味可刺激味蕾，使其呈兴奋状态，加速胃液、唾液的分泌，有利于消化	大多是炒熟或煮熟后食用。不要吃带香料或调味剂的瓜子，瓜子虽然利于胎宝宝脑发育，但也不可多吃
松子	可补肾益气、养血润肠、滑肠通便、润肺止咳等，其所含的维生素 A、维生素 E 及多种不饱和脂肪酸也是胎宝宝发育所必需的	生吃，或者做成美味的松仁玉米
榛子	可调节血压、开胃、明目、健脑等，并富含胎宝宝发育所必需的多种不饱和脂肪酸、矿物质及维生素	如果不想单吃榛子，可以压碎拌在粥里或是放在麦片里一起吃

营养胎教——拒绝暴饮暴食

难熬的妊娠反应终于不见了，许多孕妈妈的食欲大增，随着胎宝宝的逐渐长大，对营养的需求量不断增加，孕妈妈开始大吃特吃，暴饮暴食。

专家提醒有此问题的孕妈妈，孕期加强营养，并不是说吃得越多越好。其危害是双向的：

暴饮暴食会使孕妈妈体内脂肪蓄积过多，致使体重快速增长，且易导致组织弹性减弱，分娩时易造成滞产或大出血，并且过于肥胖的孕妈妈发生妊娠高血压综合征、妊娠合并糖尿病等疾病的概率增大。

暴饮暴食还会使胎宝宝深受其害。一是提高难产率。二是容易出现巨大儿，以至于造成产程延长，易影响胎宝宝心跳而发生窒息。胎宝宝出生后，也容易引起终生肥胖。三是围产期胎宝宝死亡率高。

因此，专辑建议孕妈妈要合理安排饮食，可将一日三餐改为五餐，每餐只吃八分饱，少吃多餐才是正确的饮食方式。

环境胎教——到大自然中欣赏美景

今天，我们为孕妈妈推荐一种有效方法——到大自然中释放心情，也可称为美育胎教。

有关研究表明，孕妈妈经常走进大自然，呼吸新鲜空气，有利于胎宝宝的大脑发育。为了证实这一结论，有关专家做了这样一个实验：他们把怀孕的老鼠和兔子分别放在空气流通不畅的箱子里，结果，这两种受试动物所生的幼崽出现无脑畸形的比例非常高，这一结果说明了一个问题，胎宝宝的大脑发育需要有充足的氧气供给，孕妈妈多到大自然中呼吸新鲜空气，能满足胎宝宝对氧气的需求。另外，大自然的色彩和风貌还可以激发胎宝宝的审美潜能。孕妈妈应尽可能地多到风景优美的公园及郊外领略大自然的美，并把内心的感受描述给腹内的胎宝宝听，如深蓝色的白云、翩翩起舞的蝴蝶、歌声悦耳的小鸟以及沁人肺腑的花香，清爽怡人的杨柳芳香等。

注：难熬的妊娠反应终于不见了，孕妈妈的食欲开始旺盛起来，但是专家建议大家要控制好食量，拒绝暴饮暴食。

音乐胎教——《春之声圆舞曲》

《春之声圆舞曲》，作于 1883 年，是奥地利著名音乐家小约翰·施特劳斯的不朽名作。这首圆舞曲与作者的其他舞曲有着天壤之别，它并不是典型的维也纳圆舞曲，也不是作为舞蹈伴奏音乐而创作，它实际上是舞台上表演的音乐节目，具有纯粹的音乐表演性质。《春之声圆舞曲》的节奏自由、充满变化，韵律连贯且非常生动，欣赏价值极高，很少用于伴舞。原谱中并没有将各个段落明确地标记出来。全曲的主题，用简短热情的引子引出，华丽清新的旋律犹如春天的气息迎面扑来，洋溢着青春活力。全曲具有相当高的艺术性，雅俗共赏、经久不衰。曲子生动地描述了春回大地、冰雪消融、大地万物一片生机勃勃的景象，犹如一幅色彩浓重的画卷，将春天之美永久地留住。

孕妈妈在欣赏此曲的时候，一边体会着它的美，一边告诉胎宝宝春天是什么样子的，在这首美妙的圆舞曲中与胎宝宝互动起来。

小鸟欢乐地唱着，
在山谷中清脆地回响。
阳光照耀在草地上，
闪耀着七色光芒。
啊，春天身着飘逸的裙装，
和我们在一起，

共同沐浴着明媚的阳光，
忘掉烦恼与忧愁。
在这晴朗的日子里，
我们尽情地奔跑，
欢笑，游玩！

胎教密语

有些孕妈妈对古典音乐不太感兴趣，但又觉得音乐胎教对胎宝宝很重要，就勉强自己听，弄得心情反而不好，这样就失去意义了。如果孕妈妈实在不喜欢听古典音乐，可以听流行音乐，但不要听那些劲歌，最好是比较舒缓的，在歌词选择上也最好是积极向上的，而不是消极悲观的。

第十六周 宝贝学会了自娱自乐

专家在线 本周胎教有问必答

Q 如何缓解腿部抽筋？

A 以往认为，抽筋主要是因为缺乏钙质，事实上，腿部血液循环不良、腿部肌肉过度疲劳也是小腿抽筋的重要原因。那么，小腿抽筋时该如何应对呢？以下几点可供参考：

◎避免长时间站或坐，也要避免走太多路。

◎上床前先按摩小腿肌肉，运动你的小腿肌肉，把脚趾朝上，足跟往前推，远离最有可能抽筋的小腿肌肉。

◎睡觉时，将腿放在枕头上，稍稍垫高一些。

◎采取左侧睡姿。

本周养胎大事件 巧妙应对妊娠纹

◎**注意防晒**。尽量避免在中午或下午阳光强烈的时候外出。阳光照射会加重色斑，并使色斑在产后也不宜褪去。

◎**使用妊娠霜**。处理色斑不易漂白，也不宜用美白霜去掩饰，可以适量用一点妊娠霜。有些色斑会在产后3个月内消失，如果褪不掉的话，可以在哺乳期过后请美容专家来慢慢治疗。

◎**补充维生素C**。这个时期，孕妈妈经常补充维生素可以减少妊娠纹的产生，尤以富含维生素C的食物如柑橘、草莓、蔬菜等最为有效。另外，还可以补充富含维生素B_6的牛奶及其制品。

音乐胎教 ——《蜗牛与黄鹂鸟》

这首《蜗牛与黄鹂鸟》讲述了蜗牛在葡萄树刚发芽的时候就背着重重的壳往上爬，而黄鹂鸟在一旁讥笑它的有趣情景。歌谣中的主人公是两种小动物，一种是形态可亲的蜗牛，一种是活蹦乱跳的黄鹂鸟，两种动物以对话的形式烘托出了一个有趣的场景。这首童谣生动有趣，是调节孕期不适、与胎宝宝互动的最佳选择。此外，孕妈妈们还可以边听歌曲边对胎宝宝说："宝贝，你看蜗牛多有毅力，它能坚持不懈地、通过自己的努力实现自身愿望，你也要向蜗牛学习，做个坚强、有毅力的好宝宝哟！"

蜗牛与黄鹂鸟

阿门 阿前一棵 葡萄 树，阿嫩阿嫩绿她 刚发芽。

蜗牛背着那 重重的壳呀，一步一步地 往上爬。

阿树 阿上两只 黄鹂 鸟，阿嘻 阿嘻哈哈 在笑它。

葡萄成熟 还早得很哪， 现在上来 干什么。

阿黄 阿黄鹂儿 不要笑，等我 爬上它就 成熟

了。

抚摩胎教——与胎宝宝玩触压、拍打游戏

具体做法是,孕妈妈平卧,放松腹部,先用手在腹部从上至下、从左至右来回抚摸,并用手指轻轻按下再抬起,然后轻轻地做一些按压和拍打的动作给胎宝宝以触觉的刺激。刚开始时,胎宝宝不会做出反应,但孕妈妈不要灰心,一定要坚持长久且有规律地去做。一般需要几个星期的时间,胎宝宝会有所反应,如身体轻轻蠕动、手脚转动等。开始时每次5分钟,等胎宝宝做出反应后,每次5~10分钟。

运动胎教——孕中期体操

孕妈妈赶快跟着专家一起进行体操运动吧,这种柔和的孕中期体操能帮助你消除肌肉紧张、锻炼骨盆,为顺利分娩打基础。

动作解析

1 伸展后背运动。孕妈妈双臂扶墙壁,并垂直弯曲后背,再用力压肩部和后背。该运动能强化后背肌肉,放松肩部肌肉。(图1)

2 扭转脊椎运动。孕妈妈坐在地上,伸直双腿,向上弯曲脚踝,挺直后背,以向后看的方向扭动身体,左右交叉进行,这样能放松侧腰肌肉。(图2)

3 两侧活动。骨盆孕妈妈自然站立,双脚分开与肩同宽,并稍微屈膝,先向右侧用力推骨盆,再向左侧用力推骨盆。该运动能强化骨盆与大臀肌。(图3)

趣味胎教——手影游戏《做个小狗汪汪叫》

现在部分敏感的孕妈妈已经能感受到胎动了，此时是和胎宝宝互动的好时候，既能娱己又有教育意义的手影游戏，是孕妈妈的理想选择。下面就请专家带领孕妈妈与胎宝宝互动起来吧！

动作解析

1 孕妈妈先伸出左手，示指、中指、无名指并拢，拇指与示指成90度，手指与无名指略微分开。（图1）

2 左手拇指第一关节略微弯曲。（图2）

3 用右手的示指、中指、无名指握住左手拇指与示指间的空窝处，拇指放在左手拇指后面，双手拇指适当分开即可。（图3）

4 将右手的小手指指端填在左手无名指与小手指间的空隙处即可。（图4）

5 一只小狗诞生了，注意，要让左手背侧对准墙面。

胎教密语

这个游戏易学、好操作，但要受到时间限制，只能在晚上环境较暗的空间玩，孕妈妈可吃过晚饭后在卧室进行。关掉卧室的大灯，打开台灯，将光线适当调暗即可。孕妈妈还可以一边做手影，一边唱儿歌，如："一只小小狗，尾巴当作手，左摇摇，右摆摆，正在等着胎宝宝。"

给准爸爸的小叮咛——提醒妻子保持正确的坐姿

进入本阶段后，微微隆起的腹部会令孕妈妈感到沉重、疲惫。有些孕妈妈喜欢坐柔软的沙发或宽敞的椅子，或斜靠着，或半躺着，使得整个身体或半个身体陷入其中。这种姿势短时间内或许会令孕妈妈感到舒适，但时间长了会使腹部、脊柱受到压迫，胎宝宝在重力的作用下形成枕后位，这样一来会延长分娩时间。所以，准爸爸看到孕妈妈有此情况时，务必要及时提醒，并将其扶起坐好，若孕妈妈觉得腰部缺少支撑，准爸爸可在其腰部放一个靠枕，孕妈妈会相对舒适一些。

胎教心得月记

第十七周

由于子宫的增大，胃肠会向上移动，所以饭后总会感到胸闷、呼吸困难。开始在臀部、大腿、手臂等身体的各部位都形成皮下脂肪，体重明显增加。

第十八周

在这一时期，精力逐渐恢复，并发现性欲增强。在怀孕期间，动作温柔的性生活是相当安全的，如果有什么顾虑，可以向医生咨询。孕妈妈会感觉到胎动。

第十九周

这个时期，皮肤的色素变化会加剧，所以乳头的颜色会加深，偶尔会疼痛。由于流入阴道周围皮肤或肌肉的血液量增加，阴道内白色或淡黄色白带会增多。

第二十周

子宫逐渐地往外挤，所以腹部会越来越大，而且腰部线条会完全消失。由于腹部的压力，肚脐会突出。随着子宫的增大，肺、胃、肾等器官会受到压迫，所以会出现呼吸困难、消化不良、尿频等症状，甚至还会出现尿失禁的情况。

孕妈妈的现状

Part 5

孕 5 月

胎宝宝的听觉系统形成了，进入母子互动的黄金期

胎宝宝每个月都会发生不同的小变化，到了第五个月，胎宝宝的听觉逐渐发育了，能够听到孕妈妈的声音了，孕妈妈这一阶段多读一些胎教故事和语言训练对锻炼胎宝宝的听力有好处哦！此外，这一时期孕妈妈的身体反应逐渐减少，胎宝宝也逐渐稳定，进入了安全阶段。

胎宝宝的现状

第十七周

这个时候，胎宝宝的听觉器官逐渐发育，也就是说它能听到孕妈妈的声音了。胎宝宝这时候能吸进和吐出羊水了，而且还能抓着脐带玩耍，此时的胎动可以说十分活跃。

第十八周

这个时候，透过彩色多普勒超声检查就能清晰地看到胎宝宝的轮廓了，此时胎宝宝的眼睛还不能睁开，但是脸部的动作可是很多哦！另外，胎宝宝的皮肤开始会生出胎脂，起到防水保护胎宝宝的作用。

第十九周

此时，胎宝宝的味觉、触觉、视觉、嗅觉的神经细胞都开始分化了。胎宝宝自己的运动水平提高了，有时候还能在孕妈妈的肚子里翻滚。

第二十周

这一时期，胎宝宝的味觉、触觉、视觉、嗅觉进一步发育。胎宝宝全身长满了胎毛，头发也长了一些。另外，用听诊器能听到胎宝宝的胎心跳动了。

第十七周 小小"窃听者"

专家在线 本周胎教有问必答

Q 孕期分泌物增多怎么办

A 受怀孕的影响阴道分泌物增多是一种常见现象,由于这种分泌物通常呈白色,所以一般称之为白带。遇到这样的状况孕妈妈不必过于惊慌,要知道这是身体为了适应孕期的变化而产生的自然生理反应,只要积极地做好清洁工作就可以了。

建议孕妈妈选择吸水性好的棉质地内裤,避免穿着尼龙质地的内裤及裤袜。服装也建议尽量选择宽松透气的。如果分泌物过多孕妈妈可使用卫生棉,并注意经常更换。除此以外,孕妈妈还要养成良好的卫生习惯,除了勤洗澡还要经常换洗内裤。

本周养胎大事件 科学处理紧急情况

重心不稳时

随着怀孕时间的增长,孕妈妈的腹部会逐渐增大,此时孕妈妈的最大问题就是重心不稳。这个时候孕妈妈可以试试收紧臀部肌肉,将臀部提起,这个姿势可以减轻脊柱的负担,使孕妈妈不容易摔倒。

工作中疲劳时

朝九晚五的职场孕妈妈,每天可以安排两个 15 分钟的休息时间,例如,可关掉电脑放松地坐着闭目休息或到办公楼外走一走,晒晒太阳。

喘不过气时

本月孕妈妈或许还不会出现这样的情况,但为了以后打算,孕妈妈还是有必要了解一些的。特别是到了孕晚期,由于胎宝宝从下面向上顶横膈膜,腹部已经没有更多的空间让孕妈妈深呼吸了。这时,孕妈妈该如何是好呢?专家建议孕妈妈少食多餐,不要太劳累、太紧张,这对应对气短有帮助。

情绪胎教——预防孕期抑郁

尽量使自己放松

其实对孕妈妈来说最重要的就是善待自己。一旦胎宝宝出生，孕妈妈可能没有时间也没有精力来照顾自己了。所以怀孕的时候，应该放宽心思好好享受着"皇太后"级别的照料。可以看看书；在床上吃可口的早餐；去树林里散散步；尽量多做一些会使孕妈妈感觉愉快的事情。孕育一个健康可爱宝宝的首要前提就是先照顾好自己。

释放不良情绪

如果孕妈妈感觉到郁闷的情绪久久不能散去，应该及时与准爸爸、亲密的朋友倾诉，或者是咨询医生，明确地告诉他们此时的感觉，受到了什么样的困扰。

孕妈妈处在怀孕的非常时期，需要爱人和朋友的精神支持，而只有当他们明白孕妈妈的一切感受时，他们才能给予真正需要的安慰和帮助。

营养胎教——慎用人参安胎

许多孕妈妈都知道人参是滋补身体的良品，于是产生了用人参进补安胎的想法。中医认为，人参可以大补元气，补脾益肺，生津止咳，安神益智。如果孕妈妈的体质属实属热，正气不虚，应忌用人参滋补，因为人参性温，易助火生热。如果孕妈妈有体虚的症状，比如头目眩晕、倦怠无力可少量服用。如果孕妈妈有脉虚自汗等症状也可适当服用人参。但应注意，吃人参不宜喝茶和吃萝卜。由此可见，怀孕期间并非所有孕妈妈都适合用人参进补。

语言胎教——欣赏泰戈尔的《孩童之道》

《孩童之道》出自泰戈尔的《新月集》，这首散文诗的寓意深厚，有人认为它旨在表达对母爱的崇高赞礼，有人认为它抒发了孩童对母亲的爱恋，有人认为它传递了对人间真、善、美的热烈追求。阅读诗歌的同时，我们能深深体会到母子情深，感受到母子之情是那样的亲昵、浓烈。孩子为什么那么快乐、那么活泼、那么天真？是因为他们沐浴着浓浓的母爱。孩子爱母亲，也想用自己的方式回报母亲。因为有爱，生命才精彩！下面我们就来一起欣赏泰戈尔的这首《孩童之道》：

只要孩子愿意，他此刻便可飞上天去。

他所以不离开我们，并不是没有缘故。

他爱把他的头倚在妈妈的胸间，他即使是一刻不见她，也是不行的。

孩子知道各式各样的聪明话，虽然世间的人很少懂得这些话的意义。

他所以永不想说，并不是没有缘故。

他所要做的一件事，就是要学习从妈妈的嘴唇里说出来的话。那就是他所以看来这样天真的缘故。

孩子有成堆的黄金与珠子，但他到这个世界上来，却像一个乞丐。

他所以这样假装了来，并不是没有缘故。

这个可爱的小小的裸着身体的乞丐，所以假装着完全无助的样子，便是想要乞求妈妈的爱的财富。

孩子在纤小的新月的世界里，是一切束缚都没有的。

他所以放弃了他的自由，并不是没有缘故。

他知道有无穷的快乐藏在妈妈的心的小小一隅里，被妈妈亲爱的手臂所拥抱，其甜美远胜过自由。

孩子永不知道如何哭泣。他所住的是完全的乐土。

他所以要流泪，并不是没有缘故。

虽然他用了可爱的脸儿上的微笑，引逗得他妈妈的热切的心向着他，然而他的因为细故而发的小小的哭声，却编成了怜与爱的双重约束的带子。

趣味胎教——学习剪纸

剪纸是中国最为传统的民间艺术之一,其发展历史可追溯到公元 6 世纪,但人们认为它的实际开始时间比这还要早几百年。剪纸艺术一般都有象征意义,其所使用的材料很容易找到,且成本低廉、适应面广,深受大众欢迎。

过去,剪纸都有一定的象征意义,一般用于宗教、祭祀等活动,但随着剪纸艺术的发展,其用途逐渐被扩大化、多元化。现在,剪纸更多地是用于装饰。可用于点缀墙壁、门窗、房柱、镜子、灯笼等,也可为礼品作点缀之用,甚至剪纸本身也可作为礼物赠送他人。人们还常把剪纸作绣花和喷漆艺术的模型。

剪纸并非机器制造而成,而是纯人工的手工制造,所用工具也易得,只需一把剪刀和一些纸张即可。用剪刀剪完后再把几张(一般不超过 8 张)剪纸粘贴起来,再用锋利的剪刀对图案进行加工。孕妈妈可将其作为胎教工具,用以激发胎宝宝的审美潜能。

孕妈妈可以先勾轮廓,而后细细剪,剪个胖娃娃、"双喜临门"、"喜鹊登梅"、"小放牛",或孩子的属相如猪、狗、猴、兔等,孕妈妈不必担心自己的手艺粗糙,也不必在乎剪出来的图案是否美观,只要在剪纸过程中得到了美的享受即可。

给准爸爸的小叮咛——为妻子减负

孕妈妈的身子逐渐笨重,行动不变,这时候准爸爸就需要开始更多的承担家务,让孕妈妈减轻负担。

第十八周 美妙的胎动

专家在线 本周胎教有问必答

Q 如何预防低血压综合征？

A 许多孕妈妈对妊娠高血压综合征有所了解，但低血压综合征同样是孕期的一种常见病症，孕妈妈要给予足够的重视，平时应多了解些低血压综合征的预防方法。以下几点可供大家参考。

◎对已发生过仰卧位低血压或有低血压病史的孕妈妈，要重点保护。

◎必须坚持在睡觉时取左侧卧位或取右侧卧位，使腰椎前弯度减小。

◎临睡前适当饮用些流质食物，诸如蛋汤、菜汤之类，可有效减少疾病发作。

◎睡觉前应避免过多出汗、吃甜品、过于劳累，活动后不宜立即卧床，更不宜仰卧。

本周养胎大事件 注意行动上的安全

怀孕5个月，孕妈妈的行动和普通人大不相同，因此孕妈妈要防止各种意外的发生。如果怀孕期间马虎大意，不注意安全，那么就非常容易酿成大祸。

◎在孕期，孕妈妈因为重心不稳加上容易头晕，很容易摔倒。为了安全起见，在日常生活中，孕妈妈做任何事情务必将动作放慢。

◎孕妈妈在久坐起身时，最好找个支撑物，如果感到不舒服或头晕，要就近找个支撑物，赶快靠着蹲下或坐下，避免晕倒或摔倒。

◎当孕妈妈坐在椅子或者沙发上时，应尽量把后背紧靠在椅背或者沙发上，必要时还可以在腰部放一个小枕头。如果孕妈妈长期坐着工作，要经常站起来走动，以促进血液循环，预防痔疮。

🎵 音乐胎教——欣赏海涅的《乘着歌声的翅膀》

海涅的这首《乘着歌声的翅膀》大约写于1822年，歌曲的主旨是表达诗人对美好爱情的向往。在歌曲中诗人展开想象的翅膀，畅想印度恒河原野的迷人景色，仿佛可以闻到紫罗兰、玫瑰、白莲花的芳香；看到清澈的水波、碧绿的棕榈，月光下的花园，还有那善良的羚羊，作者幻想着与心爱的人一起沐浴着恬静的美景，并沉醉于幸福的梦幻当中。这首歌曲中透露着浓浓的异国情调，从始至终并未使用过于华丽的词汇，而是用淡雅的词语将这份恬静的天地描绘得分外美丽。在这宁静美妙的意境里，作者将对爱情的满腔忠诚展现得一览无余。孕妈妈可以经常听一听这首《乘着歌声的翅膀》，不仅能调节不良情绪，还可以增进夫妻间的感情，并将浓浓的爱意传递给胎宝宝。

乘着那歌声的翅膀，
心爱着的人，
我带你飞翔。
走到恒河的岸旁，
那里是最美的好地方。
一座红花盛开的花园，
笼罩着寂静的月光，
莲花在那儿等待。
她们亲密的姑娘，
紫罗兰轻笑耳语，
抬头向星星仰望。
玫瑰花把芬芳的童话，
偷偷地在耳边谈讲。
跳过来静静倾听的，
是善良聪颖的羚羊。
在远方喧嚣着，
圣洁河水的波浪。
我们要在这里躺下，
在那棕榈树的下边，
沐浴着爱情和恬静，
沉醉于幸福的梦幻。

营养胎教——科学用油

从孕4月开始胎宝宝大脑的各部分，如大脑、等器官已经逐渐分明，脑的分化也开始进行。为此，孕妈妈还要坚持为胎宝宝提供脑发育所需的脂肪。除了前文提到的鱼类，食用油中也含有胎宝宝大脑发育必备的脂肪，但孕期用油要讲究方式方法。

少吃油，是孕妈妈需要掌握的一种饮食观念，与胎宝宝的身体健康息息相关。孕妈妈烹调食物时，力求少用油，而且以植物油为主，少用或不用油炸、油煎等烹调方法，多用煮、炖、汆、蒸、拌、卤等做法。在平时吃油时，应交替使用几种食用油，或是隔一段时间就换不同种类的食用油，这样才能使孕妈妈体内所吸收的脂肪酸种类丰富、营养均衡。

孕妈妈如果不能获得足够的脂肪酸，将会影响胎宝宝出生时的体重和以后的智力发育。反之，如果孕妈妈摄"油"得当，就会对胎宝宝的发育起到良好作用。在孕期多换几种植物油食用，吸收的脂肪酸种类更丰富。

故事胎教——《拇指姑娘》

《拇指姑娘》是一个非常有意思的童话故事，故事的小主人公是一个只有拇指大小的姑娘，她经历了多重磨难但并未气馁，没有对生活失去信心，最终找到了自己的幸福。孕妈妈可以把这个有着积极意义的故事讲给胎宝宝听。

从前有一个妇人，她很想要一个小巧又可爱的孩子。她便去请教女巫，女巫说非常容易，便给她一粒麦粒，让她种在花盆里。当这个花朵绽开时，拇指姑娘便出生了，她生活得非常幸福。可是有一天，一只丑陋的癞蛤蟆把她抱走了，让她当小癞蛤蟆的妻子。水里的鱼儿很同情小小的拇指姑娘，便把荷叶的一根茎咬断。拇指姑娘顺着荷叶飘到了外国，被一只金龟子带到一棵树上,却因为其他金龟子说她丑被金龟子抛弃在了一片森林中。清晨,拇指姑娘以露珠为饮料,以花蜜为食物,生活还算过得去。夏天和秋天过去了,寒冷又漫长的冬天来临了,拇指姑娘来到了田鼠家生活。过了几天,田鼠说:"我们这儿最富有的先生——鼹鼠就要来了,如果你和他结婚,就有享不尽的荣华富贵。"第二天,鼹鼠穿着黑天鹅的绒毛大衣来了,因为他是一个瞎子,看不清拇指姑娘的容貌,田鼠便请拇指姑娘唱了一首歌,鼹鼠很快就爱上了她。

不过,鼹鼠并没有表现出来,因为他很谨慎。过了几天,鼹鼠正式提婚了。秋天来到了,鼹鼠让拇指姑娘缝嫁衣。其实,拇指姑娘并不喜欢鼹鼠,因为鼹鼠不喜欢阳光和鲜花,而且对它们很反感。拇指姑娘曾经在地道救过一只燕子,现在,燕子要飞去另外一个国家,它便问拇指姑娘:"你愿意和我一起到另外一个国家去吗?"拇指姑娘爽快地答应了。燕子背着拇指姑娘飞呀飞,飞到了另外一个国度,把拇指姑娘放到了一朵最美丽的花上,这朵花的上面有一个和拇指姑娘一样大的美男子,他就是所有花朵的王。他们俩结婚了,拇指姑娘便成了这儿的王后。

胎教密语

孕妈妈读完故事后,鼓励一下胎宝宝听,对他这样说:"宝贝,你出生来到这个世界,要怀有一颗善良的心,和永远向往光明、积极向上的心态。也许自己的确微不足道,但这些都不能阻挡你向着光明前进的信念,就像拇指姑娘一样,勇敢、坚信,这样幸福就会伴你左右。"

语言胎教——朗诵《雨巷》

《雨巷》是戴望舒1927年夏天创作出来的成名作,当时全国正处于白色恐怖之汇总,戴望舒因参加过积极的进步活动不得不隐居避嫌,在孤寂中戴望舒饱尝着大革命失败后的幻灭与痛苦,心中充满了迷茫和希望的双重情绪。在此背景下,《雨巷》诞生了,作品将戴望舒当时的心境体现得淋漓尽致。《雨巷》运用了象征性的抒情手法,如在雨巷中徘徊的独行者,以及那个像丁香一样结着愁怨的姑娘,都有着很深刻的寓意。

撑着油纸伞,独自
彷徨在悠长、悠长
又寂寥的雨巷
我希望逢着
一个丁香一样地
结着愁怨的姑娘

她是有
丁香一样的颜色
丁香一样的芬芳
丁香一样的忧愁
在雨中哀怨
哀怨又彷徨

她彷徨在这寂寥的雨巷
撑着油纸伞

像我一样
像我一样地
默默彳亍着
寒漠、凄清,又惆怅

她默默地走近
走近,又投出
太息一般的眼光
她飘过
像梦一般地
像梦一般地凄婉迷茫

像梦中飘过
一枝丁香地
我身旁飘过这女郎
她静默地远了、远了

到了颓圮的篱墙
走尽这雨巷

在雨的哀曲里
消了她的颜色
散了她的芬芳
消散了,甚至她的
太息般的眼光
丁香般的惆怅

撑着油纸伞,独自
彷徨在悠长、悠长
又寂寥的雨巷
我希望飘过
一个丁香一样地
结着愁怨的姑娘

运动胎教——下蹲练习

运动胎教开始啦，孕妈妈们赶快起来动一动吧。本小节推荐的胎教运动，能锻炼孕妈妈的骨盆和臀部力量，对后期的顺利分娩有好处。

动作解析

1 双手合十站立，双脚打开比肩宽，深呼吸。（图1）

2 屈膝成马步吸气、双膝弯曲成马步，双手撑在膝盖处停留6秒钟，深呼吸。随后恢复成正常站立姿势，反复练习10次。（图2）

给准爸爸的小叮咛
　　——做个积极主动的好丈夫

到了这个阶段，孕妈妈由于身体的原因很多事情不能自己做了，如剪脚趾甲、穿鞋子、穿袜子、拉衣服后面的拉链等，这些行为对孕妈妈来说都是很吃力的。这时候，准爸爸一定要帮忙。可不要等孕妈妈张口求助再动手，做个积极主动的准爸爸，才能让妻子更安心！

胎教密语

孕妈妈在进行此项练习的时候要量力而行，不能过于劳累。当感觉双腿酸痛时可恢复自然站姿休息一会儿，再继续练习。下蹲动作的时间长短可自行调整。

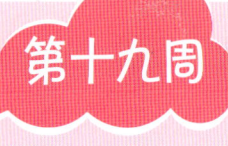

第十九周 胎宝宝会"尿尿"了

专家在线 本周胎教有问必答

Q 孕妈妈出现水肿怎么办？

A 通常情况下，腿脚水肿可分为两种情况，一种是正常的水肿，即水肿出现在脚踝两侧、足背及小腿处，手指按下可见一凹陷，休息6~8小时后水肿自然消失。另一种即为病理性水肿，水肿的范围较大，且伴有妊娠高血压综合征、血尿等症状，休息6~8小时后水肿不能自然消失，此情况需及时就诊。正常的水肿，可按以下方法进行缓解：

◎要经常变换体位，站立时间不宜过长。

◎经常运动，促进血液循环，可做一些孕期体操、散步等活动。

本周养胎大事件 羊水过多和过少

羊水过多怎么办

除了少数严重的患者需要治疗外，大部分羊水过多的孕妈妈只要观察追踪即可。当发现羊水过多，首先要排除胎宝宝畸形以及孕妈妈妊娠并发症，然后施以相关治疗，一般会收到较好效果。

羊水过少怎么办

孕妈妈一旦出现了羊水过少的情况，除了针对母体疾病治疗外，还可尝试卧床休息、多喝水来增加母体的血液循环，间接地增加子宫胎盘的循环，从而达到增加羊水的目的。但是如果经评估发现胎宝宝有感染的迹象或胎宝宝状况不佳，不再适合待在子宫内，就应该立即中止怀孕。

随着临产的到来，羊水量开始逐渐减少。孕中期，如果孕妈妈的羊水少于400毫升，则称之为羊水过少。

营养胎教——预防便秘，从饮食开始

有的孕妈妈怀孕以后时不时会有便秘的情况，那么下面介绍几种防止便秘的食疗妙招，希望对改善孕期便秘有益。

◎ **芝麻粥**。先取黑芝麻适量，淘洗干净晒干后炒热碾碎，每次取30克，同100克大米煮粥。

◎ **无花果粥**。取无花果30克，大米100克。先将大米加水煮沸，然后放入无花果煮成粥。服时加适量蜂蜜和砂糖。有痔疮的女性及便秘患者可食用无花果粥。

◎ **酥蜜粥**。取酥油30克，蜂蜜50克，大米100克。先将大米加水煮沸，然后兑入酥油和蜂蜜，煮成稠粥。适用于阴虚劳损或便秘患者食用。

◎ **柏子仁粥**。将柏子仁30克洗净去杂捣烂，加大米100克煮粥，服时兑入蜂蜜适量。适用于患有心悸、失眠的孕期便秘患者食用。

◎ **核桃粥**。取核桃仁4个，大米100克。将核桃仁捣烂同大米一起煮成粥。适用于体虚肠燥的孕期便秘患者食用。

音乐胎教——欣赏舒伯特的《小夜曲》

所谓小夜曲，是指在爱人窗下唱出的情歌。这首曲子的作者为舒伯特，音乐在六弦琴音效的导引下，响起了一个青年向他心爱的姑娘所做的深情倾诉。抒情而安谧的间奏之后，音乐转入同名大调，情绪比较激动，形成全曲的高潮。最后是由第二段引申而来的后奏，仿佛爱情的歌声在夜曲的旋律中回荡。

趣味胎教——手影游戏《小兔子》

手影游戏能给孕妈妈带来乐趣，是改善情绪、增加亲子互动的理想选择。本小节请孕妈妈们跟着我们的专家，动起您的双手，做只《小兔子》吧！

动作解析

1 在较暗的房间内打开一盏台灯，伸出左手适当向左弯曲。

2 伸出右手贴靠在左手后。

3 将左、右手的小指钩在一起。

4 将左、右手示指互钩在一起。

5 将左手的无名指与中指伸展开。

6 将右手的拇指、无名指和中指如图伸展开，兔子的造型就完成了。

胎教密语

孕妈妈还可以在网上找一些手影游戏的教程，学做各种各样的手影，这可令漫长的孕期生活更加丰富多彩哟！

语言胎教——《拔萝卜》

拔萝卜这个故事充满了童趣和乐趣，孕妈妈要用有声有色的语气来阅读这个小故事。这样你和宝宝都能感受到欢乐。老公公种了个萝卜，他对萝卜说："萝卜、萝卜，快快长吧，长得甜啊；萝卜、萝卜，快快长吧，长得大啊！"萝卜越长越大，大得不得了。老公公就去拔萝卜。他拉住萝卜的叶子，"嗨哟、嗨哟"拔呀拔，拔不动。老公公喊："老婆婆、老婆婆，快来帮忙拔萝卜！""唉！来了、来了。"老婆婆拉着老公公，老公公拉着萝卜叶子，一起拔萝卜。"嗨哟、嗨哟"拔呀拔，还是拔不动。老婆婆喊："小姑娘、小姑娘，快来帮忙拔萝卜！""唉！来了、来了。"小姑娘拉着老婆婆，老婆婆拉着老公公，老公公拉着萝卜叶子，一起拔萝卜。"嗨哟、嗨哟"拔呀拔，还是拔不动。小姑娘喊："小狗儿、小狗儿，快来帮忙拔萝卜！""汪汪汪！来了、来了。"小狗儿拉着小姑娘，小姑娘拉着老婆婆，老婆婆拉着老公公，老公公拉着萝卜叶子，一起拔萝卜。"嗨哟、嗨哟"拔呀拔，还是拔不动。小狗儿喊："小花猫、小花猫，快来帮忙拔萝卜！""喵喵喵！来了、来了。"小花猫拉着小狗儿，小狗儿拉着小姑娘，小姑娘拉着老婆婆，老婆婆拉着老公公，老公公拉着萝卜叶子，一起拔萝卜。"嗨哟、嗨哟"拔呀拔。小花猫拉着小狗儿，小狗儿拉着小姑娘，小姑娘拉着老婆婆，老婆婆拉着老公公，老公公拉着萝卜叶子，一起拔萝卜。"嗨哟、嗨哟"拔呀拔，大萝卜有点动了，再用力地拔呀拔，大萝卜拔出来啦！他们高高兴兴地把大萝卜抬回家去了。

第二十周 能感受到外面的亮光

专家在线 本周胎教有问必答

Q 胎动是什么感觉？

A 最早的胎动感觉起来像鱼在游泳或翅膀在舞动一般，常被误以为是消化不良、胀气或饥饿所致。随着胎宝宝的逐渐长大，胎宝宝的动作开始大起来，特别是到了孕5月以后，孕妈妈能明显感觉到胎宝宝的活动幅度大了，能做拳打脚踢、转身等动作。随着月份的增大，孕妈妈的腹壁越来越薄，不仅能感觉得到也能看得到。胎动于孕32周之后，胎宝宝逐渐长大狭窄的子宫已经没有太多的空间容他做运动了，但他偶尔还是会发出用力的一击。

本周养胎大事件 学会数胎动

为什么要数胎动

胎动反映了胎宝宝在孕妈妈子宫内的安危状态。每天掌握胎动变化的情况，可以随时了解胎宝宝在子宫内是否安然无恙，及早发现问题。

如何数胎动

◎母亲感知法。所谓的母亲感知法，是指让孕妈妈自己感觉胎宝宝的每一次活动。例如早上起床前的1小时，中午午休的1小时，晚饭后的1小时。然后将3个小时的胎动次数相加乘以4，即为12小时胎动次数。如果12小时胎动次数大于12次，为正常；如果12小时胎动次数少于10次，属于胎动减少，就应该仔细查找原因，必要时到医院进行胎心监测。

◎彩色多普勒超声观察。这种方法一般是针对有特殊状况的孕妈妈，而且只能在医院进行，实施起来不方便。

音乐胎教
——聆听《吉檀迦利》

《吉檀迦利》是泰戈尔的佳作，是他获得诺贝尔文学奖的作品。泰戈尔以轻快、欢畅的笔调歌唱生命的枯荣、现实生活的欢乐和悲哀。这里推荐孕妈妈朗诵冰心翻译的《吉檀迦利》其中的一首。

这掠过婴儿眼上的睡眠——有谁知道它是从哪里来的吗？是的，有谣传说它住在林荫中，萤火朦胧照着的仙村里，那里挂着两颗甜柔迷人的花蕊。它从那里来吻着婴儿的眼睛。

在婴儿睡梦中唇上闪现的微笑——有谁知道它是从哪里生出来的吗？是的，有谣传说一线新月的微笑，触到了消散的秋云的边缘，微笑就在被朝雾洗净的晨梦中，第一次生出来了——这就是那婴儿睡梦中唇上闪现的微笑。在婴儿的四肢上，花朵般地喷发的甜柔清新的生气，有谁知道它是在哪里藏了这么许久吗？是的，当母亲还是一个少女，它就在温柔安静的爱的神秘中，充塞在她的心里了——这就是那婴儿四肢上喷发的甜柔新鲜的生气。

营养胎教——尽量不吃以下食物

食物类别	不吃缘由
油条	本阶段是胎宝宝大脑发育的重要时期，孕妈妈经常吃油条，会影响胎宝宝的大脑发育。这是因为油条在制作时须加入一定量的明矾，而明矾是一种含铝的无机物。这些铝通过胎盘侵入胎宝宝的大脑，会使其形成大脑发育障碍
糖精	孕妈妈如果长时间过多地饮用含糖精的饮料，或是每天在牛奶等食物中加入糖精调味，则对胃肠道黏膜有刺激作用，并可影响消化酶的功能，出现消化功能减退，造成消化不良营养吸收功能障碍等，同时还可加重肾脏负担
盐	进入孕中期后，水肿是许多孕妈妈逃脱不了的症状，而进食盐分太多会加重水的潴留，这会加重水肿症状，对心、肾功能不利，也不利于胎宝宝的生长发育
黑木耳	黑木耳营养丰富，但是它具有活血化瘀的功能，不利于胚胎的稳固和生长，是胎宝宝最害怕的对象之一，所以孕妈妈尽量不要吃黑木耳

趣味胎教——给小牛涂颜色

今天，我们一起与胎宝宝玩涂色游戏吧！孕妈妈可以跟着我们一起为下面那只小牛涂上颜色，也可以选择自己喜欢的图形进行涂色。

动作解析

1 按照图片样式描画线条。

2 用肉粉色蜡笔将小牛的身体和头部填上。

3 将小牛的脚用黑色蜡笔填好。

4 用黄色蜡笔填上小牛的嘴巴。

5 用褐色蜡笔涂上小牛的犄角。

6 用红色蜡笔填上小牛的前胸，完成。

胎教密语

孕妈妈一边操作，一边给胎宝宝描述你所选择的颜色，这样做可以提高胎宝宝出生及长大后对色彩的分辨能力。此外，孕妈妈在玩该游戏时，当笔尖触及黑色边线时，要告诉胎宝宝："宝贝，这是外边框喽。我们可不能把颜色涂到线外，那样小牛就不漂亮了，要注意哦！"

运动胎教
——缓解腰酸背痛

到了这个月份,许多孕妈妈的腹部已经很明显了,腰腿负担随着月份的增加而逐渐加大。本小节我们就为孕妈妈推荐一款具有缓解腰酸背痛的运动项目。孕妈妈在做此动作的时候能明显感觉到腹部的肌肉收紧。孕中期经常练习不仅可改善腰背不适,还对锻炼分娩能力有一定的好处。

动作解析

1 平躺在地板上,身体自然放松,保持脊椎的自然弯曲。(图1)

2 背部贴紧地面,脖子放松。呼气时把脖子抬起来,保持头部离地,同时提膝盖并靠近上身。(图2)

3 身体中心躯干轻轻地上下移动,抬起、放下,反复做10次。(图3)

美育胎教
——欣赏名画《向日葵》

梵高创作了大量描绘向日葵的作品。这幅是其中最著名的，现藏于伦敦国家画廊。孕妈妈不妨与胎宝宝一同来欣赏世界名画《向日葵》，这对提高自身修养、培养审美能力有着非常好的帮助。

《向日葵》这幅作品是梵高在法国南部小城阿尔勒创作出来的。1888年4月，已35岁的梵高从巴黎来到阿尔勒这座法国南部小城，他来此的目的是寻找他的阳光、他的麦田、他的向日葵……在此期间，他创作了大量描绘向日葵的作品，而这幅《向日葵》便是其中翘楚。

梵高的绘画艺术是值得人称赞的，但在他生前并未得到社会的认可，他的作品中所包含着深刻的悲剧意识，个性和形式都极其特立独行，在当时人们看来，很难理解其中深意，这也是当时人们无法接受其作品的重要原因之一。当时在人们对他的误解最深的时候，也正是他奋力创作的时刻，对自己的创作最有信心的时候。因此才留下了传世之作。直接影响了法国的野兽主义，德国的表现主义，以至于20世纪初出现的抒情抽象肖像。

梵高以《向日葵》中的各种花姿来表达自我，仅由绚丽的黄色色系组合而成。画面上朵朵葵花夸张的形体和激情四射的色彩，黄色的花瓣就像太阳放射出耀眼的光芒，给人很强的视觉感。画中的每一朵向日葵都获得了强烈的生命力。孕妈妈在欣赏这幅画时，要充分理解它所表达出来的正能量，即自由、奔放、热情。

语言胎教——欣赏戴望舒的诗歌《寻梦者》

那么这首《寻梦者》则将我们所有人心目中的梦想抒写到了极致。在这首诗的字里行间，读者们能感觉到梦的美好，让人产生无限的遐想，对心目中的梦充满向往之情。但是，寻梦之路困难重重，需要人们付出艰辛才能找到。梦被寻到了，我们还要付出更大的努力去呵护它，这样梦才能开出娇艳的花，我们的人生才是幸福的，即便老去也不枉此生了。

梦会开出花来的，
梦会开出娇艳的花来的：
去求无价的珍宝吧。
在青色的大海里，
在青色的大海的底里，
深藏着金色的贝一枚。
你去攀九年的冰山吧，
你去航九年的旱海吧，
然后你逢到那金色的贝。
它有天上的云雨声，
它有海上的风涛声，
它会使你的心沉醉。

把它在海水里养九年，
把它在天水里养九年，
然后，它在一个暗夜里开绽了。
当你鬓发斑斑了的时候，
当你眼睛蒙了的时候，
金色的贝吐出桃色的珠。
把桃色的珠放在你怀里，
把桃色的珠放在你枕边，
于是一个梦静静地升上来了。
你的梦开出花来了，
你的梦开出娇妍的花来了，
在你已衰老了的时候。

给准爸爸的小叮咛——帮妻子测胎心

怀孕中后期，由于腹部增大，孕妈妈自己听胎心音就有些吃力了，此时需要准爸爸帮助。这时的准爸爸要担任好倾听者的角色。

准爸爸听胎心音的时候，可以让孕妈妈取舒适的仰卧位，平躺在床上，双腿自然平伸，并尽量伸直，准爸爸趴在孕妈妈的腹壁上，直接用耳朵听，也可以用一个木头材质的听筒仔细地听。每次听1分钟时间，每天听1～3次为宜。

胎教心得月记

第二十一周
这个时期孕妈妈最好避免剧烈运动，尽量抽空多休息。此外，这个时期子宫已经上移20厘米左右，压迫静脉，孕妈妈容易出现腿水肿或静脉曲张。

第二十二周
这个时期孕妈妈的血液量会大大增加，但因为需求量增加更大，孕妈妈在孕中期容易出现贫血和眩晕的症状。此时由于体重突然增加、子宫增大，身体的重心发生偏移，这些都会破坏原本匀称的体形。

第二十三周
由于腹部的隆起，影响了消化系统。某些孕妈妈可引起消化不良和胃有灼热感。少吃多餐比一天吃两三顿饭要好些，可减轻胃灼热感。

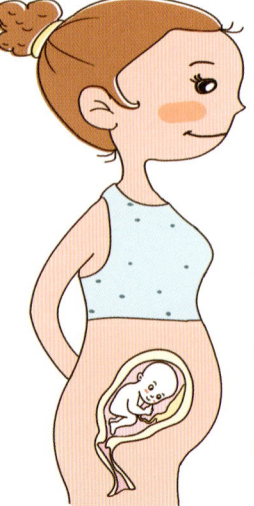

第二十四周
孕妈妈体重增加过量时，支撑身体的腿部将承受很大的压力，所以腿部肌肉很容易疲劳。鼓起的腹部还会压迫大腿部位的静脉，因此腿部容易发酸或出现抽筋症状。

孕妈妈的现状

Part 6 孕6月

胎动更加频繁了，小"捣蛋"可以回应孕妈妈的抚触，进入胎教的尖峰时刻

孕妈妈身体逐渐开始笨拙了，这个时候开始具有消化功能了。一些感觉器官也开始进一步发育，孕妈妈发出的声音胎宝宝能更好地听到了。这个时候进行胎教要注意多样性和科学性，不能盲目无章，最好也不要无故中断胎教。

胎宝宝的现状

第二十一周

此时，胎宝宝已经开始用胸部呼吸了，这样是为了更好地适应子宫外的生活，而且胎宝宝已经初具消化功能了。

第二十二周

这个时候，胎宝宝的眉毛、眼皮、眼睫毛开始长出来了。感觉器官进一步发育，能更清楚地听懂母体外面的声音。孕妈妈轻轻拍打肚子，胎宝宝已经能很敏感地听到了。

第二十三周

此时胎宝宝的皮肤没有到十分光滑的程度，仍是皱皱巴巴的，像个小老头。

第二十四周

此时，胎宝宝能够分辨出一些声音了。比如，妈妈的声音、肚子咕噜咕噜的声音，而且呼吸系统进一步发育。

第二十一周 滑溜溜的小人

专家在线 本周胎教有问必答

Q 孕妈妈手脚冰凉怎么办？

A 为了孕育腹中的胎宝宝，孕妈妈的血流量会增加，体温也会跟着升高，但仍有一些孕妈妈可能会出现手脚冰凉的现象，那么，如何应付手脚冰凉？

补充铁质以增加造血量

供血量不足是造成手脚冰冷的重要原因之一，而补充铁质有助于造血，特别是对孕妈妈来说，适量补充铁质非常有必要。不过，孕妈妈在补血过程中，务必要听从医嘱，最好采取食补的方法进行。

促进血液循环

孕妈妈晚上睡觉或休息时应在腿部放个小枕头，将腿部垫高；也可适时按摩或热敷下肢。这些做法都有助于让血液循环畅通，防止手脚冰凉。

本周养胎大事件 不能长时间看电视

长时间看电视时，孕妈妈固定一个姿势会产生疲劳。而且，电视节目中的悲欢离合会影响到孕妈妈的情绪。因此不建议孕妈妈长时间看电视。

科学研究表明，电视机的显像管在高压电源激发下，向荧光屏连续不断地发射电子流，从而产生对人体有影响的高压静电，并释放大量的正离子。而正离子可以吸附空气中带负电的尘埃和微生物，附着在人的皮肤上，特别会使孕妈妈的皮肤容易产生炎症。此外，荧光屏上还能产生波长小于 400 微米的紫外线，并由此产生臭氧，当室内臭氧达到 1% 的浓度时，可引起咽喉干燥、咳嗽、胸闷、脉搏加快等不适症状，严重危害孕妈妈和胎宝宝的健康。

营养胎教
——吃鸡蛋也有讲究

鸡蛋是孕期补充营养的最佳食品之一，不过孕妈妈想用鸡蛋补充营养，那么就要在吃法上格外注意了，如果吃的方法不对，不但达不到补充营养的目的，还可能影响其他营养素的摄取。那么，为什么鸡蛋被视作孕期及产后的最佳滋补食品呢？这是因为鸡蛋含有重要的微量元素，如钾、钠、镁、磷，这些都是胎宝宝健康发育的重要营养成分。鸡蛋中还含有丰富的卵黄素、卵磷脂、胆碱，对胎宝宝的神经系统和身体发育有利，其中卵磷脂和胆碱是益智健脑的最佳营养素。而本时期正是胎宝宝大脑发育的关键时刻，孕妈妈经常吃些鸡蛋，能令胎宝宝更加聪明。

鸡蛋的科学吃法

鸡蛋的吃法多种多样，就营养的吸收和消化率来讲，煮蛋为100%，炒蛋为97%，嫩炸为98%，老炸为81.1%，开水、牛奶冲蛋为92.5%，生吃为30%～50%。由此看来，鸡蛋煮着吃对孕妈妈最佳。专家提醒孕妈妈，茶叶蛋一定要少吃，因为茶叶中含酸化物质，与鸡蛋中的铁元素结合，对胃有刺激作用，影响胃肠的消化功能。

巧选购让鸡蛋的营养价值最大化

选购鸡蛋时可参照以下几点：

◎ **看外观：** 新鲜的鸡蛋外形完整、蛋壳光滑，那些蛋壳上有沙点的鸡蛋最好不要买，因为它的蛋壳薄，细菌容易穿透蛋壳渗入蛋液中。

◎ **听声音：** 购买前可拿起一只鸡蛋在耳边摇晃，如果没有声音，就是较新鲜的鸡蛋；有水晃荡的声音就是陈蛋。

◎ **水泡：** 将鸡蛋放入水中，新鲜的鸡蛋会迅速沉底，而陈鸡蛋则会漂浮在水面上。

◎ **闻气味：** 买鸡蛋时，还可用嘴向蛋壳上轻轻哈一口热气，然后用鼻子嗅其气味，品质好的鸡蛋会散发出轻微的生石灰味。

运动胎教——孕妇操《扭腰运动》

孕中期经常练习该运动，能很好地活动紧张的肌肉，改善腰和臀部不适。

动作解析

1. 保持站立姿势，吸气收腹，收缩臀部，同时举起右臂。（图1）
2. 呼气，身体向右倾斜，同时用左手支撑骨盆的位置，伸展20秒钟。（图2）
3. 反方向重复此练习。（图3）

胎教密语

孕妈妈做扭腰运动时，动作不宜过大，避免造成腰部扭伤。

语言胎教——《致我的宝贝》

这首《致我的宝贝》非常适合孕期胎教使用。虽然全诗上下并未采用多么华丽的辞藻，其亲切平和的语气能引起所有孕妈妈的共鸣。每位孕妈妈都想给胎宝宝最好的爱，从知道怀孕的那天起，就开始做准备，饮食上、胎教上……无一不加大关注力度。今天，孕妈妈请大声地告诉胎宝宝你的爱到底有多深，一起来朗诵这首《致我的宝贝》吧！

我亲爱的宝贝，
每次呼唤你的时候，
都充满了感恩和快乐。
你是上天赐予我们的礼物。
从知道你存在的那一天起，
这个世界就变了。
爸爸妈妈终于要成为真正的父母了，
是因为你，我们对世界有了新的认识。
我亲爱的宝贝，
爸爸因为想要见到你，

不知道有多激动，
还常常用耳朵去倾听你的声音。
我亲爱的宝贝，妈妈为了你，
认真地挑选每一首音乐，
每一本书，每一种食物……
想把所有的美好送给你。
宝贝啊，我亲爱的宝贝！
我知道，每一天，
你都能感受到我们的爱！

胎教密语

孕妈妈闲暇时给胎宝宝念念散文或诗歌，既能接受语言胎教，培养宝宝将来的语言发展能力，又能加强母子间的交流。

给准爸爸的小叮咛——用按摩来表达你的关心吧

这个时候，孕妈妈的腹部已经凸出了，脚上的压力越来越大，经常会出现脚步酸麻、疼痛的情况。再加上受腹部影响，孕妈妈自行按摩却有不便。准爸爸应积极协助孕妈妈，平时多给她按摩脚部，以促进其下肢的血液循环，改善末梢循环不良，对缓解腿脚冰凉非常有帮助。这也是您表达爱心的重要时机，准爸爸请不要错过哟！

第二十二周 看起来像个小老头

专家在线 本周胎教有问必答

Q 本月孕妈妈可以外出旅行吗?

A 有旅行计划的孕妈妈,可以在本月出行。但出行前要做好准备。首先要带齐药品。孕妈妈出发前,应先去征求医生的建议,请医生帮忙准备一些应对突发状况的药物,如止呕药、止泻药、外伤处理药、防蚊虫叮咬药等。此外,孕妈妈还应准备一些酒精棉、绷带等,预防突发情况。其次要带上卫生用品。主要包括消毒纸巾、护垫以及可以清洁公用马桶盖的消毒喷等。第三孕期的营养补充剂也要带齐,如孕妇维生素、孕妇奶粉等。

本周养胎大事件 巧对孕期发热

孕期发热的孕妈妈普遍关注的问题是胎宝宝的健康是否会受到影响。若只是短暂的低热,并不足以对母体或胎宝宝构成威胁。但是长时间的高热则可能危害胎宝宝的发育。因此,孕妈妈应做好防范措施。

正常情况下,普通人的口腔温度应为36.5℃～37.2℃。而孕妈妈在孕早期的基础体温会保持在较高水平,比孕前增加0.3℃～0.5℃,但升高后的体温仍在正常范围内。如果孕妈妈体温超过37.5℃,并伴有身体不适,最好立即去医院确诊。如果超过38℃,即为发热症状,应及时去医院治疗。

营养胎教
——补钙不能被忽视

孕6月后，孕妈妈对钙的需求量较以前更多了。因为这段时间是胎宝宝骨骼和牙齿的快速生长时期，急需钙质的补充。专家建议孕妈妈，补钙最好以食补为佳，可多吃一些含钙丰富的食品，如奶类、豆制品类、虾、海米、蛋黄、绿叶蔬菜等，对于缺钙较为严重的孕妈妈，可听从医生的建议，吃一些补钙制剂。值得注意的是，孕妈妈切勿自行服用补钙产品，必须经医生的许可才能服用，以免对胎宝宝及自身造成不良影响。

大米和白面中所含的植酸与消化道中的钙结合，能产生不易被人体吸收的植酸钙，大大降低人体对钙的吸收。因此，专家建议孕妈妈在食用大米前，最好先用温水浸泡一会儿，使米中的植酸酶将大部分植酸分解。另外，孕妈妈最好食用发酵后的面食，因为发酵后的面食植酸含量大大降低，避免影响身体对钙的吸收。少吃盐，促进钙的吸收。孕期多吃盐不仅会造成妊娠高血压综合征、加重水肿，还会影响身体对钙的吸收。

在此营养专家为孕妈妈们推荐一款补钙的营养美食——丝瓜炖豆腐，孕妈妈经常食用补钙效果非常显著。具体做法为：取丝瓜200克，豆腐100克，葱1根，酱油、盐、高汤各适量，水淀粉1大匙。将丝瓜去皮，洗净切成滚刀块；葱洗净切成末放入盘中备用；豆腐用清水洗净，切成小方块；炒锅内放油加热，放入葱姜末，炒出香味后再放入丝瓜，翻炒；炒至丝瓜五分熟，加入豆腐、高汤同煮；改小火炖约10分钟，见豆腐鼓起，汤剩一半时，改小火炖约10分钟，加盐、水淀粉、即可。

◎ 丝瓜炖豆腐

🎵 音乐胎教——哼唱《数鸭子》

门前大桥下游过一群鸭，
快来快来数一数 2、4、6、7、8，
嘎嘎嘎嘎，真呀真多呀，
数不清到底多少鸭，
数不清到底多少鸭。

赶鸭老爷爷，胡子白花花，
唱呀唱着家乡戏，还会说笑话，
小孩小孩快快上学校，
别考个鸭蛋抱回家，
别考个鸭蛋抱回家。

🔐 胎教密语

《数鸭子》是一首非常欢快的儿童歌曲，孕妈妈常常唱给胎宝宝听，可刺激胎宝宝的大脑发育，对韵律、数字等内容产生初步印象，这是对胎宝宝最好的启蒙教育。

🌱 知识胎教——自然的奥秘

其实，胎教的内容非常丰富，可以说生活处处是胎教。孕妈妈可以经常带着胎宝宝一起认识大自然，探索大自然中的奥秘。今天，我们可以探讨一下有关大自然的颜色问题。

天为什么是蓝色的

太阳光是由红、橙、黄、绿、青、蓝、紫七种颜色组成，这七种颜色的光波长度是不一样的。大气中的尘埃和其他微粒散射蓝光的能力大于其他波长光的能力，所以天空就会显现出蓝颜色。

日出日落时天为什么是红色的

当阳光穿过大气层时，波长较短的紫光散射衰减较多，透射后"剩余"的日光中颜色偏于波长较长的红光。日出日落时太阳的位置较低，阳光要穿越广阔的地面，散射后肉眼所见到的就大都是红颜色的光了。

趣味胎教——与胎宝宝一起搭积木

搭积木是一种非常适合孕妈妈玩的智力游戏。在玩的过程中，孕妈妈要发挥想象力手脑配合才能拼接出完美的作品。同时，在这一过程中，孕妈妈还可以将自己的思维方式说给胎宝宝听，这对胎宝宝的大脑也会形成一种刺激，进而达到促进胎宝宝大脑发育的目的。

今天，孕妈妈可以跟着专家一起为胎宝宝拼插小鸭子和小鳄鱼。当然，孕妈妈也可以按照自己的想法，拼插出想拼的作品，这将是给胎宝宝的一份有意义的见面礼。

1 准备米色条状积木两块、方块形积木3块，红色条状积木1块，黄色条状积木1块，眼睛两个。

2 将两块米色条状积木用黄色条状积木并排拼接在一起，做成鸭子的脚和身体。

3 取两块方块形积木将红色条状积木夹在中间，拼接在一起，做成鸭子的头和嘴巴。红色条状积木即使小鸭子漂亮的嘴巴。

4 将做好的鸭子头与身体链接上。

5 紧接着取剩下的米色方形积木为鸭子装上尾巴。

6 最后，给小鸭子贴上眼睛，一个活灵活现地小鸭子即诞生了。

给准爸爸的小叮咛——学会赞扬和倾听

到了这个阶段，孕妈妈可以说已经看不出腰身了，难免为此而难过，产生不良情绪。准爸爸要及时发现妻子的情绪变化，鼓励妻子将心中的委屈说出来，准爸爸要当个忠实的听众，让孕妈妈尽情地发泄，并告诉妻子她在你心目中有多重要，她的孕味比苗条身材更令你欣赏。

第二十三周 牙胚开始发育喽

本周胎教有问必答 · 专家在线

Q 经常胀气怎么办？

A 到了怀孕中后期，由于子宫的不断增大压迫肠胃会造成胃肠蠕动减慢，所以，这个时候许多孕妈妈会出现胀气问题。一般来说，胀气对胎宝宝不会造成直接影响，只是孕妈妈在胀气的情况下食欲较差，无法均衡地摄取营养，吸收能力也变差，这样对胎宝宝的营养吸收有一定的影响。此外，胀气还容易诱发便秘。多散步、少吃易导致胀气类食物，如豆类、谷类、土豆、红薯等，对改善胀气有很好的作用，若孕妈妈胀气情况严重，且造成了严重的便秘问题，可征求医生意见，实施药物干预。

本周养胎大事件 · 巧晒太阳补钙质

用正确的方法晒太阳

◎不要隔着玻璃晒太阳。坐在屋子里隔着玻璃晒太阳实际上只是增加了体温，却拒绝了日光的营养。所以孕妈妈尽可能在自然条件下接受阳光。

◎每天的日晒时间要有保证。冬季每天不少于1个小时，夏季每天不少于半小时。

◎要注意季节性。避免盛夏暴晒，冬季晒太阳时间不足。

◎选择最佳防晒品。孕妈妈最好使用天然的防晒产品，这类产品含化学成分少，对胎宝宝没有影响。

情绪胎教——让生活更精彩

大多数的孕妈妈都会觉得孕期生活特别无聊，喜欢黏着准爸爸。其实，孕妈妈大可不必如此，孕期可做的事情非常多，你完全可以通过自己的努力，让生活变得丰富多彩，每天都保持乐观情绪。下面就为你提供几个锦囊妙计。

多与人交流

孕妈妈怀孕后要多与人交流，可与同期怀孕的朋友们分享感受；也可向已经生过宝宝的"前辈们"请教，获取经验；或参加一些专门为孕妈妈举办的活动，以解除孕妈妈的产前忧郁症状。孕妈妈为了多了解一些分娩育儿的知识，也可以专门报名去听专业老师讲授孕产育儿知识，如"妈妈教室"等。除此之外，孕妈妈还可以在网上交一些"孕友"，彼此分享孕育中的苦与乐。还可以将自己宝宝的一举一动说给其他孕妈妈听，不过，孕妈妈要注意，上网的时间不可过长。

丰富自己的视野

孕妈妈可以在知名的母婴网站或论坛里发帖子交流经验；在淘宝网上挑选母婴用品，将自己的旧东西拿到网上去交换或变卖；还可以写博客，记录自己与胎宝宝的成长日记。

故事胎教——《丑小鸭》

在一个非常美丽的乡下，有一只鸭子马上要变成鸭妈妈了，因为它的小鸭子快要孵出来了。终于，蛋一个接着一个"噼、噼"裂开了，出来一个个可爱的、毛茸茸的小鸭子，小鸭子们还"吱、吱"地叫，妈妈"嘎、嘎"地回答，小鸭子们好像在说："好美丽的世界啊！"

可是还有一个大的鸭蛋没有裂开，于是鸭妈妈继续坐在巢里耐心地等待。终于这枚大蛋裂开了，出来一只又大又丑的鸭子，和其他小鸭子不一样。鸭妈妈想：这小家伙会不会是只火鸡呢？鸭妈妈想了一个办法，这一天阳光明媚，非常暖和，它带着孩子们去游泳。鸭妈妈扑通跳进水里，小鸭子们也一个接着一个跟着跳下去。水淹到了小鸭子们的头上，但是小鸭子马上又冒出来了，游得非常漂亮。所有的小鸭子都在水里，连那个丑陋的灰色小家伙也跟大家在一起游。"真好，它不是火鸡！"鸭妈妈想。

可是过了几天，小鸭子们都开始啄这只丑鸭子，而且情况一天比一天糟。大家都要赶走这只可怜的丑小鸭，小鸭子们老是说："你这个丑妖怪，希望猫儿把你抓去才好！"

有一天，丑小鸭看见蓝天上飞过一群白天鹅，丑小鸭羡慕极了。它想：要是我也能拥有一双像白天鹅一样的翅膀该多好呀！那样，我就能飞到外面的世界去看看。丑小鸭慢慢长大，终于有一天它离开了家。这是一个寒冷的冬天，丑小鸭走了很久走累了，倒在了地上。这时，一位农夫路过，好心的农夫救了丑小鸭，把它抱回家给它造了一个温暖舒适的窝。到了第二年春天，丑小鸭终于长大了。它也不再是那只灰色的丑小鸭，它拥有雪白的羽毛，变成了一只真正的白天鹅。这一天它在河里游泳，天空中有一群白天鹅飞过，白天鹅和丑小鸭打招呼，很快它们就成了好朋友，一起游过一条小河，不知不觉来到了丑小鸭出生的地方。小鸭们认出了丑小鸭，心里感到一种说不出的难过。鸭妈妈高兴地为丑小鸭祝福，看着丑小鸭和白天鹅们越飞越高、越飞越快、越飞越远……

音乐胎教
——聆听《安妮的仙境》

流水、雀鸟之声，从自然而来的气息沁人心脾。孕妈妈聆听班得瑞的这首《安妮的仙境》，能起到镇静情绪、松弛身心的作用。

在这静谧的林间，等待我的爱人。
皎洁月光洒满大地，
树梢也在悄悄耳语。
此刻，没人来打扰我们，
亲爱的，抛开你的顾虑，
让我的歌声感动你。
来吧，亲爱的！
我的歌声，带来幸福爱情。
你是否听见夜莺在歌唱，
它用那甜蜜的歌声，
诉说你我的爱情。
它用那银铃般的声音，
感动温柔的心房。
这歌声也会使你感动吗？
来吧，亲爱的！
我们一起分享这幸福爱情。

美育胎教
——欣赏名画《小园丁》

《小园丁》是俄国19世纪上半期最杰出的肖像画家吉普林斯基的作品，他

注：小园丁 /（俄） 吉普林斯基

毕业于圣彼得堡美术学院。从他的肖像画中可以看出他豪放的笔触和熟练的油画技法。1816年吉普林斯基有机会去意大利留学，在罗马时创作了这幅《小园丁》。小园丁他手执弯刀趴在石头上歇息，睁大一双眼睛陷入深深的沉思之中，画中人物有着柔和的轮廓线和富有表现力的造型。

给准爸爸的小叮咛——陪妻子去参加孕妈妈培训班

孕6月，孕妈妈的身体压力还不是很大，胎宝宝比较稳定，准爸爸可以借此时机陪妻子参加一些孕期培训班。目前，社会上的许多孕产期培训机构，会邀请各大医院的专家，向学员们传授孕产期保健、护理的知识。您可以选择听孕期保健课程，也可以选择聆听产后育儿知识。

第二十四周 越来越调皮了

专家在线 本周胎教有问必答

Q 如何预防妊娠期高血压综合征？

A ◎定期称体重，以便及时发现体重过度增加，出现隐性水肿的现象。
◎要经常化验尿液，在正常情况下小便中不含蛋白。孕妈妈应定期化验小便以便及时发现尿中的任何微量蛋白。一旦发现小便中有蛋白，即使量不多，也应引起重视。在发现蛋白尿之后，化验小便的次数就应更加频繁。
◎定期量血压。
◎保证充足的休息时间，时刻保持心情舒畅。
◎加强胎盘功能监测，并指导孕妈妈自我监测胎宝宝。
◎要严格控制盐的摄入量，因为吃盐过多易加重或诱发妊娠高血压综合征。

本周养胎大事件 警惕妊娠糖尿病

到了孕24周，孕妈妈应该去做糖尿病筛查了，糖尿病的典型症状是"三多一少"（多饮、多食、多尿，体重减轻），只有极少数"糖妈妈"会出现这些症状，而大多数患妊娠糖尿病的孕妈妈并没有明显症状，只有进行糖尿病筛查才能发现。

对孕妈妈来说，有些人妊娠期患糖尿病，但分娩后血糖会恢复正常，也有些妊娠糖尿病者分娩后会发展成二型糖尿病。而对于胎宝宝来说，妊娠期如果孕妈妈不能很好地控制血糖，容易引起死胎、死产、巨大儿等。并且受母体糖尿病影响的胎宝宝，出生后患肥胖症、糖尿病、高血压、冠心病的危险性也更大些。

抚摩胎教
——轻轻地抚摩宝宝

每天睡觉之前孕妈妈仰卧在床上,全身放松,将双手放在腹部从上至下、从左至右地抚摩。反复10次后,用示指或中指轻轻抚压胎宝宝,然后放松。也可以在腹部松弛的情况下,用一根手指轻轻按一下再抬起,来帮助胎宝宝做"体操"。有时胎宝宝会立即有轻微胎动以示反应,有时则要过一阵子,甚至做了几天后才有反应。这个抚摩体操适宜在早晨和晚上做,每次时间不要太长,5~10分钟即可。需要注意的是,抚摩胎教须定时进行,开始每天3次,以后逐渐增多。抚摩时动作要轻柔、舒缓,不能用力太强。如果胎宝宝反应太过强烈,如用力挣脱蹬腿,那是他(她)在"提意见",应立即停止抚摩。

营养胎教——全面补充营养

本时期是胎宝宝快速发育的重要阶段,孕妈妈需继续全面补充营养,尤其应及时补充蛋白质,才能满足胎宝宝各器官的正常发育。在饮食上,应做到不挑食,全面摄取各种食物,只有这样才能满足机体对各种营养素的需求。本月,孕妈妈可以按照以下原则进食:

食物类别	食用原则
主食	米、面不要过于求精,最好食用中等加工程度的米面。主食不要太单一,应米、面、杂粮搭配食用,只有做到粗细搭配,才有利于获得全面营养和提高食物中蛋白质的营养价值,且可有效预防及缓解便秘
蔬菜	孕妈妈最好多吃些绿叶蔬菜或其他有色蔬菜。在整体膳食中绿叶蔬菜最好占蔬菜总量的2/3。蔬菜中的鲜豆类如豇豆、毛豆、四季豆等蛋白质含量丰富,并且其中所含的铁极易被人体吸收利用
水果	柑橘、枣含抗坏血酸比较丰富,且价格相对低廉,尤其在冬季水果少时,可较多选用。另外,苹果的营养价值也很高,其中的果胶对美化肌肤效果较佳;香蕉也是孕期的理想水果,可有效改善便秘
动物性食品	尽量选择蛋白质含量高、脂肪含量低的品种。由于畜禽内脏尤其是肝脏中维生素A和铁等微量元素含量丰富,因此,孕中期和孕晚期孕妈妈应多选用。禽肉类脂肪含量低,肉质细腻,蛋白质含量丰富,孕期常食不仅不会令体重骤增,还可以为机体补充营养

🎵 音乐胎教
——观赏音乐剧《音乐之声》

《音乐之声》取材于 1938 年发生在奥地利的一个真实故事：

修女玛利亚是位性格开朗、热情奔放的姑娘。她爱唱歌、跳舞，还十分喜爱大自然的清新、宁静和美丽。修道院院长觉得玛利亚不适合修道院的生活，应该放她到外面看看。于是玛利亚来到萨尔茨堡当上了前奥地利帝国海军退役军官冯·特拉普家 7 个孩子的家庭教师。冯·特拉普深爱的妻子几年前去世了，从此他变得心灰意冷，对生活失去了希望。家里再也没有了歌声，没有了笑声。孩子们生性活泼，各有各的性格。他们不愿意过这种严加管束的生活，总设法捉弄家庭教师。但玛利亚自己就具有孩子般的性格，她引导他们，关心他们，帮助他们，最终赢得了他们的信任。上校带着准备与他结婚的男爵夫人回来时，他惊奇地发现那原本死气沉沉的家，现在竟出现了欢声笑语，充满了音乐之声。

🏃 运动胎教——脚部运动

该运动能够有效改善脚部水肿、脚抽筋等问题，孕妈妈在家的时候不妨经常练习。

动作解析

1. 端坐在椅子上，脚和地面垂直，双脚并拢，双脚落地。（图 1）
2. 吸气，脚尖慢慢使劲上翘，静止一会后，再恢复原状，然后重复做。（图 2）
3. 将一脚放在另一腿上，上面腿的脚尖慢慢上下活动。然后再换另一条腿，动作同上。（图 3）

趣味胎教——折只百合

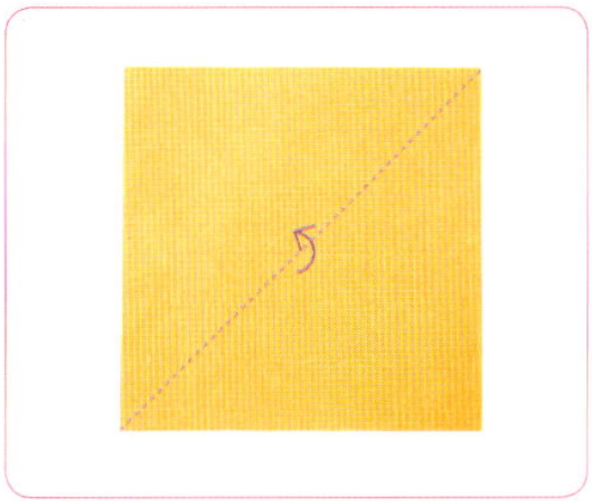

1. 准备一张正方形纸，沿虚线向箭头方向折叠。
2. 沿虚线向箭头方向折叠，折成双菱形。 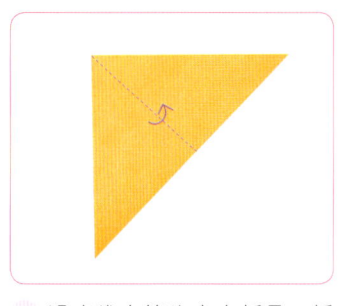
3. 先折成双菱形，下面两角再向上折。 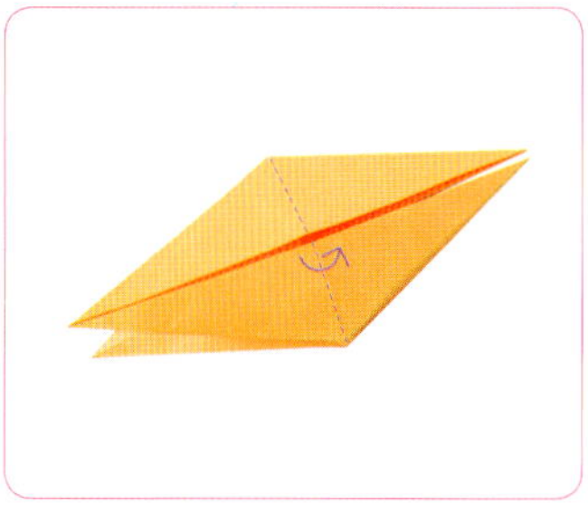
4. 两侧沿虚线向中心折。 
5. 背面也一样，同步骤4。 
6. 沿虚线向箭头方向折叠。 
7. 沿虚线向箭头方向折叠。 
8. 将纸角用圆珠笔向后卷曲成花瓣形。 

给准爸爸的小叮咛——当好专职司机

到了怀孕中后期，孕妈妈的肚子越来越大，开车时腹部很可能顶住方向盘，反应也会变得比较慢。基于安全考虑，准爸爸应主动担当孕妈妈的专职司机，避免意外的发生，这是对胎宝宝及孩子最好的呵护。

胎教心得月记

第二十五周

这时孕妈妈的眼睛对光线非常敏感,而且非常干燥。大部分孕妈妈的腹部、臀部开始出现妊娠纹了。

第二十六周

随着胎宝宝的成长,子宫会越来越大。由于子宫会压迫肠胃,经常出现消化不良和胃痛。随着子宫肌肉的扩张,下腹部会经常出现像针刺一样的疼痛。

第二十七周

这时由于腹部迅速增大,孕妈妈会感到很容易疲劳,同时,脚肿、痔疮、静脉曲张等不适可能更加严重了。

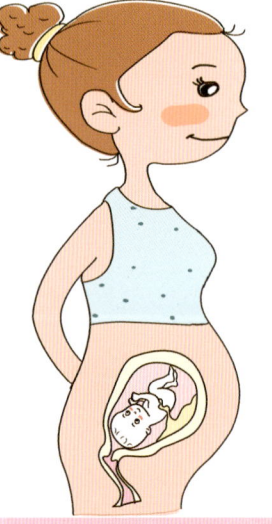

第二十八周

由于胎宝宝迅速成长和羊水的增多,孕妈妈的体重增长迅速。

孕妈妈的现状

Part 7 孕7月

自主神经活动加强，与胎宝宝尽情互动，感受腹中鲜活的生命力

进入孕晚期，离分娩更近一步了。本月的重点问题，专家建议孕妈妈们，进行到底。这是对胎宝宝最好的呵护！孕妈妈的不适症状也越来越多，早产是除了要做好孕期护理，还要坚持把胎教

胎宝宝的现状

第二十五周
胎宝宝已经逐渐长大，占据了子宫的大部分空间。胎宝宝的视觉已经有了区分明和暗的本领，动作的敏捷能力也变得很强。

第二十六周
此时胎宝宝的体重约为1000克了，胎宝宝的脊柱也越来越坚固。另外，胎宝宝对外界的触摸和声音都有了反应。

第二十七周
此时，胎宝宝的眼睛已经逐渐发育完全了，很多胎宝宝的眼睛已经可以睁开了。

第二十八周
胎宝宝这个时候大脑十分活跃，眼睛能自如闭合了。

第二十五周 胎宝宝能区分明暗了

本周胎教有问必答 专家在线

Q 控制体重时，能否吃脂肪含量高的食物？

A 有的孕妈妈担心体重增长过快，而拒绝摄入含脂肪高的食物，其实在怀孕阶段尤其不应该拒绝脂肪，这是因为脂肪对胎宝宝神经系统以及细胞膜的形成是必不可少的。那么，是否所有类型的脂肪都适合孕妈妈食用呢？事实上，脂肪被分为两类：好脂肪（不饱和脂肪酸，如有名的Ω-3）和坏脂肪（饱和脂肪酸，如黄油或全脂奶产品中的脂肪）。在孕期，这两种脂肪孕妈妈都不应该拒绝，因为胎宝宝的生长发育需要各种类型的脂肪支持。当然，还有一点需要提醒：不要忽视了暗藏的脂肪，如果在烹饪的菜肴当中已经含有了脂肪，那就没必要再加入更多的脂肪进去。

本周养胎大事件 避免静电伤害

据科学研究发现，经常遭到静电"袭击"的孕妈妈，自身及胎宝宝的健康将会受到影响。这是因为，静电放电时，能产生3.5万伏的高压，当人体带静电的电压小于4000伏时还无法察觉，但大于4000伏时多数人会出现燥热不安、头痛、情绪波动、心律失常等症状，原因是静电改变了人体表面的电位差，影响了心电传导。

即然静电对母子双方均无益，那有没有办法避免呢？答案当然是肯定的，孕妈妈平时可多穿布鞋，避免穿橡胶球鞋，条件允许时可适当让脚步接触地面，少接触带电的物品，这样可以令身上的静电通过地面而流走。孕妈妈在选择穿衣时尽量挑选纯棉、丝绸、羊毛等天然纤维衣服，最好保持内外衣布料一致，以免造成摩擦起电。

营养胎教
——食用香料需谨慎

香料是日常生活中家庭必备的调味品，但对于孕妈妈来说要少吃些热性香料。这是因为女性怀孕后体温都会相应增高，肠道也会比平时干燥，而小茴香、花椒、大料、胡椒、桂皮、五香粉、辣椒等热性香料会产生大热且具有刺激性，如果过多食用就会消耗肠道水分，造成肠道干燥，进而诱发便秘或痔疮。发生便秘之后，孕妈妈排便时必然会用力，这样就会引起腹压增大，从而压迫到胎宝宝，极易造成胎动不安和胎宝宝发育畸形，或者出现羊水早破、自然流产、早产等情况。

因此，为了胎宝宝，孕妈妈最好少吃热性香料。

光照胎教——用手电筒照射孕妈妈的腹部

到了这个阶段，胎宝宝的视觉已经有了区分明暗的本领了。此时是进行光照胎教的最佳时机。孕妈妈可以选择舒适的仰卧位，可以用小手电筒直接放在腹部的胎头部位，一闪一灭地进行光线照射，每天3次，每次30秒钟。

孕妈妈注意了，光照胎教不可肆意为之，应采取科学手法。孕妈妈需注意的问题包括以下几点：
◎避免在胎宝宝睡觉时进行。
◎光线不宜太强。
◎光照的时间不宜过长，每次30秒为宜。
◎胎动的时候进行光照胎教，效果更好。

抚摩胎教
——抒腹也得讲究方法

这个时期胎宝宝的活动更加丰富了，他们可以在孕妈妈的肚子里吞咽羊水、眨眼、吮拇指、握拳头、伸展四肢、转身，甚至还能翻跟头。此时，孕妈妈更要频繁地与胎宝宝进行互动。孕妈妈可以继续沿用我们前面介绍的抚摩方法，不过前面的一些抚摩方法对今天的胎宝宝来说可能有点"小儿科"了，今天我们将教孕妈妈一种新的抚摩方法——抒腹。

实践证明，经过此项胎教的胎宝宝，出生后大动作的发育要比未经过该项胎教的宝宝早，特别是小肌肉的发育更加明显。另外，孕妈妈用手帮胎宝宝做体操，也会促进胎宝宝的大脑发育。

如何抒腹

现在胎宝宝已经很大了，像拍腹这样的小动作已经对他起不到什么作用了。此时，孕妈妈在抚摸的时候可以采用抒腹这个动作，具体方法如下。

1. 孕妈妈可以用双手不规则地抒肚子，注意力度要适中。
2. 每天做一次就可以，每次10分钟左右。
3. 用手抒的力量会在子宫内形成羊水的波纹，这样胎宝宝也会觉得很舒服。

本阶段抚摩的注意事项

◎这个月胎宝宝的头会继续增大，大脑发育也会非常迅速。神经系统也已经发育到了一定程度。所以这个月在进行抚摩胎教时，孕妈妈要注意给胎宝宝多方面的刺激，且要掌握好用力的大小。这个时候还可以做颤腹，但是最好不要拍腹了。

◎抚摩的时间不宜过长，频率也不宜过高，以每天做2～3次为宜，每次5分钟左右。

◎抚摩的时候，如果遇到胎宝宝胎动特别厉害，说明胎宝宝不喜欢这一手法，或其产生了不适感，应该马上停止。

◎在这一周孕妈妈腹部也许会出现一阵阵变硬的情况，这就说明出现不正常的宫缩了，就不要再做抚摩胎教，以免引起早产。

运动胎教
——按摩内脏放松术

本小节为您推荐的这组运动法，既可温和地按摩内脏，又能刺激腺体，平衡孕妈妈的内分泌，还可达到放松腰背部肌肉的目的。建议准爸爸与孕妈妈一起进行。

左右扭转运动

动作解析

1 准爸爸与孕妈妈均盘腿坐在瑜伽垫上，面对面，双手自然放在膝盖上。（图1）

2 夫妻双方均将左腿伸直，双臂平举，掌心相对。（图2）

3 夫妻双方均将右手向前推出，孕妈妈及准爸爸的身体随之向左扭转，体会左侧腰背部肌肉得到拉伸的感觉。（图3）

4 以上动作坚持30秒后，夫妻双方将左手向前推出，身体随之向右扭转，体会右侧腰背部肌肉得到拉伸的感觉。

5 以上动作可反复练习。

伸展运动

动作解析

1 准爸爸和孕妈妈均盘腿坐在瑜伽垫上，背对背，双手自然放在膝盖上，目视前方。（图4）

2 准爸爸的手臂钩住孕妈妈的手臂，孕妈妈先将身体往前倾，注意调整呼吸，体会腰背部肌肉受到拉伸的感觉，坚持30秒后，身体回正。（图5）

3 然后，准爸爸钩住孕妈妈的手臂，身体前倾，孕妈妈体会腰部肌肉得到拉伸的感觉，坚持30秒钟，准爸爸身体回正。（图6）

4 反复进行该动作。在这一拉一缩的运动中，孕妈妈的腰背部均得到了锻炼。

第二十六周 脊柱越来越坚固了

本周胎教有问必答 专家在线

Q 如何消除脸部水肿？

A 爱美之心人皆有之，孕妈妈在妊娠第七个月，脸部会慢慢出现肿胀现象，心情难免会失落和难过，甚至连照镜子都不愿意。之所以出现这种问题，多半是由于脸部血液循环受阻、新陈代谢失衡所致，孕妈妈不用过于担忧以下两个简单的手指按摩操，即可帮你轻松解决苦恼。

双手拇指按摩操

孕妈妈用双手拇指的指根部轻轻按住同侧的太阳穴，以局部酸痛为宜，持续5秒钟即可。按压时，孕妈妈可以先向太阳穴的斜上方按压，然后朝外侧慢慢推移，可以有效地消除眼部水肿。

双拳敲击按摩法

孕妈妈将双手握成空拳，从太阳穴处一直敲击至脸颊，然后再由脸颊敲击至太阳穴，反复进行该动作。此法可促进脸部血液循环，改善水肿问题，同时还具有美化脸部线条的作用。注意敲击的力度不可过大，以感到舒适为宜。

三指尖按摩法

孕妈妈取双手的示指、中指、无名指三指指尖部位，对整体脸部进行按摩，按摩顺序可从嘴角按摩至太阳穴处。此法可舒缓脸部肌肉，改善水肿问题。按揉时，可采用轻柔式按摩，也可采用画圈式按摩，力度以自我感觉舒适为宜。

进入孕中晚期，变大的子宫使得孕妈妈的腹部越来越突出，腰部和下肢的负担越来越重，这时候孕妈妈就该考虑使用托腹带了。

什么是托腹带

托腹带是一条有弹性的宽带，使用时围在孕妈妈的腰腹部，可以从下腹部微微倾斜地托起增大的腹部，阻止子宫下垂，保护胎位，并能减轻腰部的压力。

使用托腹带的注意事项

1. 使用托腹带的时间有早有晚。有些情况可以提早使用，比如多胞胎或胎宝宝过大，有非常明显的骨盆或腰部酸痛，托腹带都能起到帮助作用。如果一切正常，怀孕6～7个月以后可以考虑使用。

2. 使用时不可包得过紧。托腹带应该包得适度一些，不可太紧。

3. 晚上睡觉时应该解开。晚上睡觉前应该将托腹带取下，这样睡觉会舒服些。

本周养胎大事件　该使用托腹带了

营养胎教
——孕期吃鱼有讲究

鱼肉不仅含脂肪少，吃起来细致嫩滑，容易消化，而且还含有丰富的孕期所需要的蛋白质、维生素和矿物质，尤其是鱼肉中含有丰富的促进宝宝大脑发育的 ω-3 脂肪酸。不仅如此，孕妈妈吃鱼越多怀孕足月的可能性越大，出生时的婴儿也会较一般婴儿更健康。据调查发现，每周吃一次鱼，就可使从来不吃鱼的准妈妈早产的可能性从7.1%降至1.9%。

孕妈妈需要注意的是，吃鱼要有所选择，尤其是下面这些鱼最好不要吃。

◎ 咸鱼、熏鱼、鱼干因含亚硝胺类致癌物质，不应该过多食用，少吃为佳。

◎ 大型鱼类体型大的海鱼如鲨鱼、金枪鱼、旗鱼、鲭鱼和方头鱼易发生汞中毒，最好不要吃。

◎ 罐装鱼一些罐头鱼类也存在汞污染的情况，同时在制作时也可能会产生有害物质，因此也应该少吃。

◎ 畸形、被污染、带寄生虫的鱼。

宜选择的鱼类

孕妈妈如果要吃鱼最好选择一些相对

没有受污染的海产品，比如鲫鱼、鲤鱼、鳕鱼、黄花鱼等。另外，最好挑选不同种类的鱼替换着吃。

孕期吃鱼事项提醒

◎ 尽量采用水煮的方式烹调。

◎ 对于鱼类过敏的准妈妈，不妨改吃孕妇专用的营养配方食品，以减少胎宝宝出生后过敏体质的产生。千万不要勉强摄取鱼类，以免造成身体不适。

◎ 准妈妈最好不要吃鱼油，因为鱼油会影响凝血机能，吃多了可能会增大出血概率。

语言胎教——《小红帽》

很久很久以前，有一个可爱的小女孩，跟爸爸妈妈住在一个小村庄里。她的外婆最疼她了，送给她一件连着可爱帽子的红色披风。因此，村子里的人都叫她"小红帽"。

有一天，妈妈对小红帽说："外婆生病了，你帮妈妈带一些点心去探望她吧。"妈妈又特别吩咐说："外婆住在森林里，路途很远，你在路上要小心，不要贪玩！"小红帽跟妈妈挥手再见，就上路了。这是她第一次自己去外婆家，所以特别高兴。她刚一走进森林，就遇到一只大野狼。大野狼装出和善亲切的笑容说："可爱的小姑娘，你要去哪儿？"小红帽不知道大野狼是喜欢吃人的大坏蛋，因此笑眯眯地回答说："大家都叫我小红帽，我要到森林里的外婆家，外婆生病了，我得带好吃的东西去给她。"

大野狼蹑着脚，悄悄跟在小红帽的后面。它伸出尖尖的爪子，张开大大的嘴巴，正准备要抓小红帽时，忽然听到一声喝："坏野狼，你想干什么？"

大野狼吓得急忙逃走了。

　　小红帽仍然继续往前走。走了一会儿，小红帽看到路边有一片野花，便蹲下来快乐地摘花。大野狼决定先去小红帽的外婆家。"砰砰砰……"大野狼敲了敲外婆家的门，它装出小女孩的声音说："外婆，我是小红帽，我带东西来看您了！"外婆听到小红帽来看她，高兴极了，急急忙忙跑过去开门。却看到一只大野狼，张开血红的大嘴巴，张牙舞爪地扑在她身上，"咕噜"一声，把她整个吞到肚子里去了。然后大野狼又穿上外婆的睡衣，爬到床上，装成外婆正在床上睡觉的样子。不一会儿，它就听到小红帽一路唱着歌儿，向外婆家走来。"砰砰砰……"小红帽敲了敲门。等了一会儿没人开门，小红帽就自己推开门进来了。小红帽说："外婆，您好些没有？我带了很多好吃的东西来看您，快起来嘛！"大野狼说："噢，你来了，我的乖孙女儿，外婆正想着你呢！""外婆，您的声音好怪哦！"小红帽说。大野狼说："我感冒了呀，声音才变了！"小红帽走到床前，她看见"外婆"时吓了一跳，说："外婆，您的耳朵变得好大哦！"大野狼赶快用棉被把脸盖紧，只露出两只大眼睛，回答说："耳朵大才听得清楚你说什么话呀！""可是，您的眼睛也变得好大哦！""这样才看得清楚你的脸呀。""可是……您的嘴巴也变得好大好大呀！""嘴巴这么大，才可以一口把你吃掉呀！"大野狼突然从床上跳了起来，张开大嘴，"咕噜"一声，连咬都没咬，就把小红帽吞到肚子里去了。

　　大野狼捧着大肚子，往床上一躺，马上就睡着了，而且睡得很熟很熟，呼呼的鼾声大到整个森林都听得到。这时正在森林里追捕狐狸的猎人来到老婆婆家门口，他觉得奇怪，为什么老婆婆家里有那么可怕的打呼声，猎人悄悄打开老婆婆家的门，果然发现一只大野狼挺着好大好大的肚子，躺在老婆婆的床上，舒舒服服睡得正香呢！在大野狼肚子里的老婆婆和小红帽，听到有人推门，马上大声喊叫："救命啊！"猎人终于了解，原来大野狼这个可恶的家伙，把老婆婆和可爱的小红帽吃到肚子里去了。猎人拿出一把大剪刀，趁着大野狼还没有睡醒，用最快的动作，把大野狼的肚皮剪开。老婆婆和小红帽从大野狼的肚子里跳出来说："谢谢您救了我们祖孙两人！"

🌱 趣味胎教——简笔画

其实，胎教的形式特别多，今天我们就带孕妈妈体会一下简笔画中的乐趣。为胎宝宝画一只活灵活现的小鸭子，这是多么有趣的事啊！

动作解析

1 画出鸭子的嘴。

2 画出鸭子身体的上半部。

3 画出鸭子的尾部和身体的前半部。

4 画出鸭子的眼睛。

5 画出鸭子的翅膀。

6 进一步完善鸭子的翅膀。

7 画出河水。

8 栩栩如生的鸭子完成了。

运动胎教——学习拉梅兹放松法

随着胎宝宝一天天地长大,孕妈妈的身体负担也在逐渐加码,到了这个月,孕妈妈会觉得腰背部、腿部、脚部,甚至头颈部、手臂等处都会出现不适。那么今天,我们就跟着专家一起练习一下这套经典的拉梅兹放松法吧,对改善身体不适,缓解因妊娠造成的身体负担有非常好的效果。

头部放松法

动作解析

1 孕妈妈取仰卧姿势,全身放松,准爸爸双手托住孕妈妈的头部。(图1)

2 准爸爸双手轻轻向上抬起孕妈妈的头部,坚持30秒后,返回上步姿势。该动作反复练习10次。动作要舒缓,幅度不宜过大,以免造成颈部损伤。(图2)

手部放松法

动作解析

1 孕妈妈取一舒服的坐姿,准爸爸用右手握住孕妈妈的左手腕处。(图3)

2 准爸爸用左手握住孕妈妈的右手,做上下运动,该动作可反复进行。(图4)

膝盖放松法

动作解析

1 孕妈妈取仰卧位,准爸爸用左手握住孕妈妈的膝盖,右手握住孕妈妈的脚踝。(图5)

2 保持上步姿势不变,做屈伸运动。该动作可反复练习。(图6)

第二十七周 看得更真切了

本周胎教有问必答 — 专家在线

Q 经常口渴是怎么回事？

A 怀孕后特别是到了孕中后期，有些孕妈妈会经常出现口渴症状。此时，孕妈妈首先要做的是检测血糖变化，在排除糖尿病导致的口渴时，孕妈妈可放宽心，这是因为怀孕后，孕妈妈的新陈代谢加快，出汗量较孕前增多，每天会有大量的水分流失，孕妈妈感觉口渴是身体的自然反应。此时，只需要补充足量的水分即可。但喝水时建议孕妈妈能一口水分几次咽下，这样更能解渴。

本周养胎大事件 — 早产的易发人群

孕妈妈如果在怀孕 28～37 周之间分娩，即为早产。早产儿的典型特点是体重均不足 2500 克，四肢肌肉显得既软弱又无力，身体发育不成熟，且各个脏腑器官的功能发展也不完善。

易发早产的人群：

◎年龄偏小或偏大的孕妈妈，如小于 18 周岁或 35 周岁以上。
◎有不良嗜好的孕妈妈，比如长期吸烟、酗酒或熬夜者。
◎身形偏瘦或矮小的孕妈妈，如身高不足 150 厘米、体重不足 45 千克的孕妈妈。
◎怀有双胞胎的孕妈妈。
◎曾有过流产史、早产史以及患有某种病症的孕妈妈。
◎胎位不正或羊水过多的孕妈妈等。

营养胎教
——注意宝宝的味觉和嗅觉

胎宝宝的鼻子早在妊娠第二个月就开始发育,到了第七个月,鼻孔就能与外界相互沟通。但是,由于胎宝宝被羊水所包围,所以他虽然已经具备了嗅觉,却毫无用武之地,自然其嗅觉功能也就不可能得到较大的发展。尽管如此,胎宝宝的嗅觉一出生就能派上用场,新生儿在吃奶时能闻出母体的气味,而且以后只要他一接近母体就能辨别出来,所以新生儿在辨识母亲时不一定需要睁眼,光凭嗅觉就能敏感地加以分别。

胎宝宝闻到不好的气味也会皱眉头,因此,母亲在怀孕的时候最好不要使用浓郁的香水,或是有浓郁香味的化妆品,以免引起胎宝宝的烦躁情绪,表现出不安的心理状态。

胎宝宝会感受到鲜花店及面包房中飘出的香味。孕妈妈此时可以对胎宝宝说:"宝宝闻一下,多香啊。"在孕妈妈吃美味食品时,其中的美味也会传达给胎宝宝。

胎宝宝通过情绪和大脑来感受孕妈妈所感受到的香气。这个时候准爸爸要绝对戒烟,胎宝宝可是很不喜欢烟味的哦。孕妈妈还要注意,无论是什么食物,最重要的是怀着喜悦的心情进食。孕妈妈应认识到只有自己吃得香胎宝宝才能吃得香的道理。

音乐胎教——勃拉姆斯的《第五号匈牙利舞曲》

勃拉姆斯是德国古典主义最后的作曲家,出身于汉堡的一个音乐家庭,是创作和演奏并重的作曲家。有人认为,勃拉姆斯的作品中掺杂着浪漫主义色彩的同时,又蕴含着浓浓的古典主义情调,因此,人们形象地把他的作品比作"掺杂着浪漫主义新酒的古典主义陈酒"。勃拉姆斯的作品中极少采用标题,作品气势宏大,然而笔法工细,情绪变化多端,时有牧歌气息的流露。在他的音乐生涯中,曾经创作了众多世界名曲,《第五号匈牙利舞曲》便是其中之一。

勃拉姆斯在维也纳期间，对当地吉普赛音乐颇感兴趣，于是记下了许多吉普赛音乐的旋律。1869年他开始出版"匈牙利舞曲集"，但这些音乐大部分是他借用吉普赛音乐的旋律，加以改编整理而成。随后，勃拉姆斯才创作出了《第五号匈牙利舞曲》，这成了他全部作品中最广为流传的名曲。该乐曲的结构十分严谨，第一段为升f小调，具有民间舞蹈风格，速度变化上的自由体现出不同的情趣；乐曲的中段转为明快的升F大调，速度变化依然自由，单纯的旋律与和声所表现的是一种欢快的情绪；乐曲的第三段是第一段的严格再现。推荐孕妈妈在早晨起床后欣赏。

语言胎教——《星星银元》

从前有个小女孩，从小父母双亡，她穷得没有地方住，也没有床睡，除了身上穿的衣服和手里拿的一块面包外，什么也没有了，就是那面包也是个好心人送的。她心地善良，待人诚恳，但她无依无靠，四处流浪。一次她在野外遇了一位穷人，那人说："行行好，给我点吃的，我饿极了。"小姑娘把手中的面包全部给了他。往前走了没多久，她又遇到了一个小男孩，哭着哀求道："我好冷，给我点东西遮一遮好吗？"小女孩听了，取下了自己的帽子递给他。然后她又走了一会儿，她看见一个孩子没穿罩衫，在风中冷得直发抖，她脱下了自己的罩衫给了他。再走一会儿又有一个小女孩在乞求一件裙子，她把自己的裙子给了她。最后，她来到了一片森林，这时天色渐渐暗起来了。走着走着又来了一个孩子，请求她施舍一件汗衫，这个善良的小女孩心想："天黑了，没有人看我，我完全可以不要汗衫。"就脱下了自己的汗衫给了这个孩子。当她这样站着，自己一点东西也没有时，突然有些东西从天上纷纷落了下来，原来是星星变成了硬邦邦、亮晶晶的银圆。虽然她刚才还把汗衫给了人，现在身上却神奇地多了一件崭新的亚麻做的汗衫，小女孩马上把银圆捡起装在了兜里，终生不再缺钱用。

美育胎教
——名画欣赏《小淘气》

《小淘气》是威廉·阿道夫·布格罗的作品，威廉·阿道夫·布格罗是法国19世纪上半叶至19世纪末法国学院艺术绘画的最重要人物。布格罗追求唯美主义，擅长创造美好、理想化的境界。布格罗的作品已经完全摆脱了古典主义手法的束缚，从生活出发，表达一种博爱的人性思想。

《小淘气》这幅画表现的是妈妈将孩子从栏杆上抱下来的一瞬间。孩子粉红的脸庞与周围墨绿色的绿荫丛形成了强烈的对比，把孩子凸显得极其可爱，整体画面被映衬得相当生动。孩子正面对着人们，她那纯真的脸庞，就像天使一般美丽。孩子坐在高墙上，又把那份顽皮、淘气劲展现得淋漓尽致。换个角度来看，母亲把脸庞侧面留给观赏者，给人们留下了巨大的想象空间。母亲与孩子对视的那一瞬间，正是心灵的无声交流。尤其值得揣摩的是画面的背景。正是这浓密的绿荫，让母子与外面世界隔离开来，形成一个相对封闭的空间。这个空间，在这一时刻，只属于充溢着温情的母子俩……

注：小淘气／（法）威廉·阿道夫·布格罗

运动胎教——矫正骨盆运动

骨盆是女性阴道分娩胎宝宝的必经之途。骨盆的大小及形状对分娩的难易影响很大。今天，我们就为孕妈妈推荐几个矫正骨盆的体操，以帮助孕妈妈顺利分娩。

1 保持坐姿，双脚合十，双手握住双脚向上提拉的同时双膝向下压，双手放松双脚，双膝向上抬起，一抬一放为一个流程，该动作重复10次。（图1、1-2）

2 孕妈妈取仰卧位，双腿伸直，双手放在身体两侧。左腿做屈起、伸展动作，反复10次，换右腿做同样运动，反复10次。（图2、2-2）

3 孕妈妈取仰卧位，双膝曲起，单腿上抬，放下，上抬，放下，左右腿各10次。（图3、3-2）

胎教密语

每次练习的时间不宜过长，以身体不感到疲惫为准。

趣味胎教——十字绣

十字绣是一种简单的手部运动，即用专用的绣线和十字格布，采用横竖交织的搭十字法，对照专用的图样进行刺绣的方法。今天，孕妈妈就可以用这种方法给胎宝宝上一堂美育胎教，这能让母婴双方都获得美的享受。

绣十字绣对孕妈妈和胎宝宝的益处

◎保持手指灵活，促进胎宝宝大脑发育。在绣十字绣的时候，孕妈妈的手不停地穿针引线，得到了充分的锻炼。我们都知道，手指在动的时候，会对脑部产生一定的刺激作用。而孕妈妈动手绣十字绣，就能把这种良性的刺激通过内部心电波、激素等传递给胎宝宝，促进胎宝宝智力的发育。
◎调节情绪，集中注意力。像十字绣这样的手工活动，技法简单、费用低廉，不会给孕妈妈带来任何学习上的压力。而且孕妈妈在绣十字绣的时候，心情很快能得以平静，注意力也容易集中。
◎提升对色彩的认识。一幅十字绣作品往往要用到许多不同颜色的线。在绣的过程中，孕妈妈通过搭配不同色彩的线，审美能力会得到一定的提升。而胎宝宝能够直接地感受到孕妈妈对颜色的认识，审美能力也得到了发展。

绣十字绣的注意事项

首先要保持适宜的劳动强度。绣十字绣容易聚集孕妈妈的注意力，但是如果孕妈妈长时间绣十字绣，把视线和神经都集中在针尖上，就会产生疲惫感。专家建议，孕妈妈绣十字绣的时间每次应控制在1小时左右。

另外，绣十字绣的最佳姿势是坐姿，但如果长时间保持坐立姿势，孕妈妈会出现腰酸背痛等症状，而且长时间久坐还易引起或加重水肿及静脉曲张，所以孕妈妈在绣十字绣时，可在背部放一个靠枕给腰部一定的支撑力，这能缓解腰部不适。而且在绣的过程中，隔半小时或1个小时站起来活动一下，以促进下肢的血液循环，避免出现水肿或静脉曲张。

第二十八周 胎宝宝占满了子宫

本周胎教有问必答 专家在线

Q 孕中期可以化妆了吗？

A 专家认为：怀孕之后是可以化妆的，这样做能让孕妈妈更加自信。只不过，怀孕后化妆和孕前要有所区别，否则会对胎宝宝造成不良影响。那么，孕妈妈化妆要注意哪些问题呢？

首先，不要购买刺激性强的化妆品。一些补水保湿类产品相比之下较为适合孕妈妈，至于美白类产品，建议孕妈妈暂且不要使用。

其次，避免浓妆艳抹。受体内内分泌变化的影响，孕妈妈的面部会发生色素沉着，容易出现色斑。

再次，不染发烫发。绝大多数的染发剂都含有化学物质，且怀孕后皮肤较孕前敏感，接触到化学物质后很可能会出现一些不良反应，引起脸部肿胀、眼睛红肿等问题。

本周养胎大事件 随时监测子宫底高

子宫底高度对于孕妈妈的整个孕期的作用是不可忽视的。它是判断胎宝宝月份大小的重要依据，许多专业的妇科医生都会通过子宫底高度来判断孕妈妈腹中胎宝宝生长的情况。随着孕月逐渐增加，子宫底的高度也在逐渐升高，子宫底高度数据的正常与否关系到胎宝宝是否健康。

如果通过测量子宫底高度达不到孕周应有的高度，那么胎宝宝的身长和体重的数据也就达不到正常标准，这是胎宝宝宫内发育迟缓的信号。此时，医生还要通过彩色多普勒超声等检查来综合判断并确诊。如确诊为胎宝宝宫内发育迟缓，应遵照医生的建议进行合理的治疗。

语言胎教——《我有一个恋爱》

准爸爸和孕妈妈也会有自己的恋爱史吧！我们的胎宝宝一定还不知道这里面的爱情故事吧！孕妈妈可以温柔的语调朗诵这首恋爱之歌，为胎宝宝讲讲与准爸爸的故事。

我有一个恋爱——

我爱天上的明星；

我爱它们的晶莹：

人间没有这异样的神明。

在冷峭的暮冬的黄昏，

在寂寞的灰色的清晨。

在海上，在风雨后的山顶——

永远有一颗，万颗的明星！

山涧边小草花的知心，

高楼上小孩童的欢欣，

旅行人的灯亮与南针——

万万里外闪烁的精灵！

我有一个破碎的魂灵，

像一堆破碎的水晶，

散布在荒野的枯草里——

饱啜你一瞬瞬的殷勤。

人生的冰激与柔情，

我也曾尝味，我也曾容忍；

有时阶砌下蟋蟀的秋吟，

引起我心伤，逼迫我泪零。

我袒露我的坦白的胸襟，

献爱与一天的明星；

任凭人生是幻是真

地球在或是消泯——

太空中永远有不昧的明星！

胎教密语

孕妈妈在午后睡醒后，可以给胎宝宝读一段诗歌，明媚的阳光，温暖的午后，温柔的语调，胎宝宝一定能很好地感受孕妈妈对自己的期盼。

美育胎教
——名画欣赏《星月夜》

《星月夜》是荷兰后印象主义画家文森特·威廉·梵高的油画名作，这幅画相当抽象，画面中夸张的星空、卷曲的巨大云彩等都充满着象征意义。乍看上去很难理解作者的用意。那么要想了解这幅画，就不得不从其创作背景说起。

1889年，梵高的疯病再次发作，在与高更的一次激烈争吵之后，他割下自己一只耳朵，并用手帕包着送给一个妓女。梵高也因此被送进了精神病院。在那他一待便是一年零八天。其间，他仍然勤奋作画，完成了一百五十多幅油画和一百多幅素描，油画《星月夜》便是这个时期的代表作。当时的梵高在绘画创作上已完全地趋于表现主义。《星月夜》这幅画，展现了一个高度夸张变形与充满强烈震撼力的星空景象。那一团团夸张的星光，那巨大的、卷曲旋转的星云，那一轮橙黄色的明月，无一不让正常人感到难以置信，但对于梵高来说画中的所有图像都充满着象征意义。那轮从月蚀中走出来的月亮，是神的象征，梵高特别欣赏雨果的那句"上帝是月蚀中的灯塔"；画中那翻卷着的星云象征着人类的挣扎与奋斗的精神；而那翻卷缭绕、直上云端的柏树，看起来像是一团巨大的黑色火舌，将作者那躁动不安的情感世界体现得淋漓尽致。在这幅画中，天与地之间已没有了明确的区分，完全被浓厚的颜料浆所占据，使整个画面看起来像是被一股汹涌、动荡的激流所吞噬。

梵高在这里并不是要向人们展现消极、悲观的态度，也并没有沉溺于情感激流的图像中。我们可以看到，画中的小镇是以短促、清晰的水平线笔触来描绘的，那点点黄色灯光，均画成小块方形，这与上面的星空形成了鲜明的对比，作者想以此来强化情感的刺激。

注：星月夜／（荷兰）文森特·威廉·梵高

胎教密语

欣赏完这幅画以后，孕妈妈是否被梵高天才般的思维震惊了，还是深陷到画面那迷乱的景象中了？抑或是感受到画中传递出的正能量？无论怎样，只要孕妈妈及胎宝宝能在画中得到美的熏陶就达到了胎教的目的。

运动胎教——练习腹式呼吸

在分娩过程中，呼吸是一个重要环节，它决定着分娩进程的快慢。到了孕7月，距离分娩已经很近了，孕妈妈应着手开始练习腹式呼吸了，而这一呼吸形式则是分娩中必备的技巧。

动作解析

1. 孕妈妈盘腿而坐，腰背部挺直，双手自然置于膝盖处，全身放松，目视前方。（图1）
2. 用鼻子吸气，直到腹部鼓起为止。吐气时稍微将嘴巴噘起，慢慢地用力将身体内的空气全部吐出，吐气时要比吸气缓慢而用力。（图2）
3. 该动作每天练习3次，早、中、晚各练一次。

知识胎教——了解小动物

在我国，鸳鸯代表着爱情与美好。孕妈妈可以为胎宝宝介绍这一小动物。看到鸳鸯，就能想到孕妈妈与准爸爸之间的爱情故事。当孕妈妈沉浸在美好往事的回忆中时，这种爱会以信息的方式传达给胎宝宝，让他感受到父母感情的浓厚以及对自己的爱，从而快乐健康地成长。

给准爸爸的小叮咛——带动全家一起为胎教出力

在进行胎教的过程中，温馨、和谐、快乐的家庭环境是确保胎教成效的重要因素。准爸爸要协调爷爷奶奶、外公外婆们积极配合孕妈妈的胎教课程，为胎宝宝创造一个温馨、和谐、快乐的家庭环境。

胎教心得月记

第二十九周

一般情况下，孕妈妈每天会有规律地出现4～5次的子宫收缩，这时最好暂时休息。为了顺利地分娩，子宫颈部排出的分泌物增多。

第三十周

随着子宫的增大，它开始压迫横膈膜，所以孕妈妈会出现呼吸急促的症状。

第三十一周

这时支撑腰部的韧带和肌肉会松弛，所以孕妈妈会感到腰痛。孕妈妈打喷嚏或放声大笑时，会不知不觉出现尿失禁的现象，这是由于增大的子宫压迫膀胱而引起的，不用担心。

第三十二周

怀孕32周时，孕妈妈的体重会快速增长。随着胎宝宝成长，腹部内的多余空间会变小，胸部疼痛会更严重，呼吸也越来越急促。不过，当胎宝宝下降到骨盆位置后，症状就会得到缓解。

孕妈妈的现状

Part 8 孕8月

胎宝宝的五官发育已经基本完善了，小样子十分的可爱。胎宝宝的体积也变得很大，孕妈妈也越来越笨拙，但是为了顺利生产，孕妈妈需要多运动。

小鼻子、小眼、小嘴巴……在彩色多普勒超声检查中可见胎宝宝的五官长相，真可谓幸福满满

胎宝宝的现状

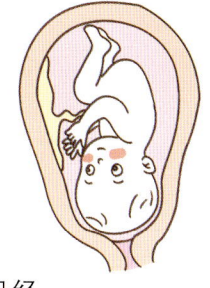

第二十九周
宝宝的皮下脂肪已经初步成型，看上去比之前胖了不少，而且这个时候宝宝已经有了感觉和记忆功能。胎宝宝的活动更加明显，时常会踢妈妈的肚子。

第三十周
这个时候宝宝的大脑神经已经相当发达，皮下脂肪继续增长，身体变得比之前更加圆润。另外，宝宝对外界的声音还能做出反应。

第三十一周
白天的时候，胎宝宝已经能分辨外界的明暗了，对于一些光源也能有反应。

第三十二周
胎宝宝几乎已经占满了孕妈妈的子宫空间，胎宝宝每天基本上都在睡觉，而且开始调整自己倒立的姿势，为出生做准备。

第二十九周 胎宝宝正在为出生蓄积能量

专家在线 本周胎教有问必答

Q 孕妈妈如何安度春节？

A 要注意饮食。春节期间好吃的东西特别多，这时候孕妈妈要注意不能过多食用油腻、生冷的食物，这些食物对胎宝宝可能会有一定的不利影响。

一定要注意多休息。春节期间孕妈妈的活动量也会相对地增多，而且经常熬夜，这样会使孕妈妈疲惫不堪。准爸爸及家人要多体恤孕妈妈的辛苦，让孕妈妈每天要有足够的时间休息，白天最好能有 1 小时的午睡时间。另外，孕妈妈自身也要掌控一下，娱乐要适度，累了就要及时休息，晚上也要尽量早点睡。还要提醒孕妈妈的是，要避免长时间站立与步行，休息时或睡前可抬高双脚，以促进下肢血液回流，缓解水肿症状。

本周养胎大事件 预防仰卧位综合征

仰卧位综合征是指：妊娠晚期孕妇仰卧时，容易出现头晕、胸闷、心悸、面色苍白、血压下降等症状，但是如果改为侧卧位时，一切症状就会迅速消失。这是因为妊娠晚期，胎宝宝本身重量不断增大，子宫本身也增加了不少，再加上胎盘和羊水重量，整个子宫的重量就更加重了。这时候孕妇处于仰卧位负重的子宫会压迫腹主动脉和下腔静脉，一旦受压，会使心、脑等组织器官供血不足而产生上述综合症状。

因此，孕妈妈这个时期可以采取侧卧位，这样对改善此综合征很有好处。

营养胎教——合理安排饮食

饭后休息半小时

众所周知,饭后马上躺下会妨碍消化,容易发胖,但孕妈妈例外。饭后30分钟之内,脸朝右侧卧,这样能把血液集中到腹部,可以给胎宝宝提供充分的营养。但是不能在这段时间内熟睡或在床上翻滚。

餐次安排要合理

餐次安排上,随着胎宝宝的增大,各种营养物质需要增加,胃部受到挤压,容量减少,应选择体积小、营养价值高的食物,要少食多餐,可将全天所需食物分5～6餐进食,可在正餐之间安排加餐,补充孕期需要增加的营养。另外,当机体缺乏某种营养时,可在加餐中重点补充所需营养。热能的分配上,早餐的热能占据全天总热能的30%,要吃得好;午餐的热能占据全天总热能的40%,要吃得饱;晚餐的热能占据全天总热能的30%,要吃得少。

音乐胎教——《天鹅湖》

芭蕾舞剧《天鹅湖》,自1877年在莫斯科首演以来,已有100多年历史,至今在世界各国仍然受到广大观众喜爱,成了芭蕾舞的代名词。

《天鹅湖》的故事取材于德国中世纪的民间童话,由俄国作曲家柴可夫斯基谱乐。讲的是美丽的公主奥杰塔在森林湖畔

嬉戏，一只本是怪鸟变成的魔王罗特巴尔特，施展魔法将公主奥杰塔变成了一只天鹅。王子齐格弗里德的成年之日，母后要为王子举行选妃舞会，王子闷闷不乐，忽见一群白天鹅掠过天空，王子随即持弓尾随来到湖畔，正要向一只头戴皇冠的白天鹅举弓射击，奥杰塔缓缓地站起掸理着羽翼向王子哀诉委屈。接着，在小提琴与大提琴交替重奏的抒情乐曲中，奥杰塔与王子跳起了大段慢板的双人舞，王子对公主深表同情并产生了爱情。王子向公主起誓，要以纯真的爱情战胜魔法，让公主恢复人形。在选妃的舞会上，各国来宾相继跳起了各国民族舞蹈。魔王为了破坏王子与奥杰塔的誓约，将自己的女儿变成黑天鹅，假冒公主闯进宫来，以妖媚的舞蹈诱惑王子，两人跳起了著名的黑天鹅双人舞。魔王以为王子已经中计，一阵狞笑。霎时间天昏地暗，奥杰塔绝望地从窗外天空飞过，王子方知受骗，不顾一切地与魔王展开了殊死的搏斗。最终，纯真的爱情战胜了邪恶，魔王被诛，公主和所有变成白天鹅的姑娘都恢复了人形，与王子欢欣起舞，迎着晨曦庆幸新生。

语言胎教——《灰姑娘》

从前，有个非常可爱的女孩叫辛德瑞拉，她不仅聪明漂亮而且心地善良。她的妈妈在她还小的时候就病逝了。女孩的父亲又娶了个新妈妈回来，新妈妈还带来两个新姐姐。但是新妈妈根本就不疼爱女孩，甚至还虐待她。城堡里的王子发出请帖，邀请各户人家的女孩参加舞会。在辛德瑞拉的家里，两个姐姐也因收到王子的请帖而兴奋、愉快地准备着，可是继母不许辛德瑞拉去参加舞会，她必须留下来打扫房间和做饭。

马车来了。"我们走！"两个姐姐由妈妈带着，装模作样地矫饰了一番，然后出门了。辛德瑞拉真的好难过，难道自己不能去参加舞会？辛德瑞拉在火炉旁开始抽抽噎噎地哭了。突然有人在辛德瑞拉背后叫她，辛德瑞拉吓了一跳，转头一看，有位陌生的老婆婆站在那儿。老婆婆笑了："你是个心地善良的好女孩，我一定让你去参加王子的舞会。"

老婆婆口中念念有词,然后用拐杖触摸辛德瑞拉的衣服。"噢!"转瞬之间,辛德瑞拉的脏衣服已经变成耀眼夺目的礼服。老婆婆又拿出一双漂亮的水晶鞋给辛德瑞拉穿上。漂亮的公主——辛德瑞拉赶着马车,往王宫的方向驶去,心里无比地兴奋和紧张。当辛德瑞拉进入王宫的大厅时,"啊!好漂亮呀!这是哪一个国家的公主呀?"众人睁大眼睛看着辛德瑞拉!

王子一看见辛德瑞拉,便发自内心地喜欢她。王子对辛德瑞拉说:"请跟我跳支舞好吗?"辛德瑞拉像只蝴蝶般,迈着轻快、纯熟的脚步。王子真的非常喜欢辛德瑞拉,他非常想知道她会是哪一个国家的公主。"公主!你到底是哪个国家的呢?"可是,如果辛德瑞拉的名字或家世被王子知道,那就糟了。辛德瑞拉不知该怎么回答,便急急忙忙赶着离开了。当她跑到台阶时,不小心摔了一跤,掉了一只鞋,可是她顾不了这只鞋了。"公主!公主!请等一下。"她没有理会王子的喊叫声,加快脚步,十万火急地朝着幽暗的城堡外跑去。

自从舞会结束,匆匆分开的那一刻起,王子便日日夜夜地思念着辛德瑞拉公主。可是不管向谁打听,都探听不出公主的事来。所剩下的唯一证物就是公主的一只鞋。于是王子对部下说:"你们快去找适合这只鞋子的女孩。""是谁能穿上这只鞋子啊?" 姐姐们对辛德瑞拉说,"辛德瑞拉,无论如何你一定不能穿的,可是你也来穿穿看吧。"辛德瑞拉便把脚伸进这只水晶鞋,"呀!正合适呀!"王子的部下眼睛瞪得圆圆的叫出声,"鞋子正适合辛德瑞拉的脚呀!"找到了公主,王子非常高兴。不久,辛德瑞拉和王子举行了结婚典礼,场面盛大,热闹非凡。辛德瑞拉与王子从此过着幸福快乐的生活。

胎教密语

善良的人总会获得幸福,宝贝你要有一颗善良的心,获得人们的喜爱。

第三十周　观察自己的生存环境

本周胎教有问必答　专家在线

Q 如何预防阴道炎？

A 孕晚期会发现白带越来越多，这时要小心护理了，否则容易患上阴道炎和外阴炎，因为由于孕期性激素水平升高，导致阴道上皮内糖原含量增加，阴道pH值有所改变，这种情况有利于霉菌的生长繁殖，因此孕妈妈如果护理不当出现霉菌性阴道炎是十分容易的，而且对胎宝宝的健康有影响，容易导致早产。

因此，孕妈妈在这个阶段要穿纯棉内裤，每天勤换洗，不要用碱性过大的肥皂清洗外阴。

本周养胎大事件　胎位不正的应对方法

膝胸卧位操

孕妈妈排空尿，松解腰带，在硬板床上俯撑，胸膝尽量接近床面，臀部高举，大腿和床垂直，胸部要尽量接近床面。

侧卧位转位法

孕妈妈在夜间睡觉时，身体卧于胎宝宝身体肢侧，利用重力的关系使胎头进入骨盆。

其他的矫正方法

◎ 艾灸：用陈艾叶同时灸双侧至阴穴（小足趾端外侧），每日1～2次，每次10～15分钟，5次为一疗程。如配合饮水疗法效果更佳。

◎ 饮水疗法：孕妈妈连续3天饮凉白糖开水，每小时饮1次，纠正胎位异常的成功率可达70%，此法也可以治疗羊水过多。

音乐胎教——欣赏《蓝色多瑙河圆舞曲》

《蓝色多瑙河圆舞曲》是小约翰·施特劳斯的作品，美丽的蓝色多瑙河启发了施特劳斯。曲子振奋人心、鼓舞士气，令全世界人民喜爱，在维也纳每年元旦的"新年音乐会"都会有此曲目。小提琴拉开了长长的序奏，清晨蓝色的多瑙河泛着细微的涟漪，阳光缓缓升起，预示着新一天的开始，安静而美好。

营养胎教——食用藻类DHA，降低早产发生率

胎宝宝大脑发育离不开DHA（二十二碳六烯酸），孕妈妈可经常食用富含DHA（二十二碳六烯酸）丰富的食品。有些孕妈妈通过摄入营养品满足胎宝宝对DHA（二十二碳六烯酸）的需求，这类产品中所含的DHA（二十二碳六烯酸）大多是从深海鱼油中提取。这类产品含有大量DHA（二十二碳六烯酸）的同时，还含有一定量的EPA（二十碳五烯酸），该物质能提高血液黏稠度，增加血液流量，孕妈妈经常摄入，会提高分娩时大出血的概率。相对而言，藻类中DHA（二十二碳六烯酸）含量要远远高于鱼类。且藻类DHA（二十二碳六烯酸）具有其独特的优势，如藻类食品中所含的DHA（二十二碳六烯酸）更加安全，对孕妈妈不会造成任何伤害，且藻类中的DHA（二十二碳六烯酸）不易被氧化，更容易被人体吸收，且不会产生任何副作用，更适合孕妈妈食用。

胎教密语

此曲目孕妈妈在怀孕中、晚期听，孕妈妈通过想象能感受音乐的安静和美好，仿佛蓝色的多瑙河旁有人在拉着小提琴演奏。

故事胎教——《豌豆上的公主》

从前有一位王子，他想找一位公主结婚，他要求必须是一位真正的公主。为了寻找这位公主，他走遍了全世界，可是他无论到什么地方，总是碰到一些障碍。他虽然见到了不少公主，但是没有办法断定她们是不是真正的公主。结果他只好回到家里，他的心中很不快乐，他是多么希望得到一位真正的公主啊。

有一天晚上，忽然来了一阵可怕的暴风雨。只见天空中一阵电闪雷鸣，接着下起瓢泼大雨，这真是叫人害怕！正在这个时候，有人敲城门，国王的奴仆赶紧过去开门。

城门外站着一位美丽的姑娘，可是，也许是刚刚被雨淋过，她的样子非常狼狈，水沿着他的头发和衣服一直向下流，一直流进鞋子里，又从脚跟流了出来。可是，她大声对奴仆说，她是一位真正的公主。

奴仆赶紧将这个情况汇报给国王和王后。"是不是真正的公主，我们马上就能考查出来。"王后心里想，她吩咐把这个自称为是真正公主的姑娘带进来。王后什么话也没有说，径直走进卧室，把所有的被褥都搬开，在床榻上放了一粒豌豆，接着她又取出20床垫褥，把它们压在豌豆上，这还没完，王后又在这些垫褥上放了20床鸭绒被。随后，她吩咐仆人领这位公主夜里就睡在这张床上。

早晨，王后来到公主的床前，问她昨晚睡得怎么样。"啊，实在是太不舒服了！"公主满脸憔悴，一副痛苦的模样说，"我差不多一整夜都没有合上眼睛，天晓得我睡的这张床有什么东西。我好像觉得我一直都是睡在一块很硬的东西上面，弄得我全身发青发紫，这真是太可怕了！"公主的话音刚落，大家都认准了，这是一位真正的公主，因为压在这20床垫褥和20床鸭绒被下面的只是一粒豌豆，而她居然能够感觉出来。除了真正的公主之外，任何人都不会有这么娇嫩的肌肤。王子知道她是一位真正的公主后，马上就迎娶了她。

趣味胎教——对对联

孕妈妈和准爸爸无聊的时候，不妨一起对对子，这样也不乏是一种快乐的胎教方式！

《五字对联》

花开香富贵，竹报岁平安。

海为龙世界，云是鹤家乡。

寿同山岳永，福共海天长。

日月华光照，乾坤喜气多。

五云迎晓日，万福集新春。

三阳从地起，五福自天来。

祥光普天照，瑞气盈华门。

《六字对联》

与松竹梅交友；择兰荷菊为邻。

山碧千峰竞秀；水清百鸟争春。

月明五湖曙色；潮满三江春光。

户户金花报喜；家家紫燕迎春。

孔雀开屏报喜；画眉欢唱迎春。

冬去山明水秀；春来鸟语花香。

日暖风调雨顺；家和人寿年丰。

语言胎教——学儿歌

简单、好记的儿歌是胎宝宝最喜欢的胎教方式吧，孕妈妈也好记住，不妨挑几首适合的儿歌读给胎宝宝听。

《小白兔》

小白兔，白又白，

两只耳朵竖起来。

爱吃萝卜和青菜，

蹦蹦跳跳真可爱。

"两只耳朵竖起来"

"小白兔，白又白"

第三十一周 快速长胖

本周胎教有问必答 · 专家在线

Q 如何纠正乳头下陷？

A 乳头下陷的孕妈妈不必担心，这一状况是可以改变的。其具体方法是：用拇指与示指轻轻地捏住乳头，使其在拇指和示指中间来回转动，同时将乳头向外轻轻牵引，然后再捏转另一侧乳房。这个方法应在孕期的最后几个月内每天做 2～3 次，可使乳房不再回缩，必要时可重复进行几次。此法无效时，还可在孕 24 周后使用乳头矫正器。

警惕孕期贫血 · 本周养胎大事件

孕期贫血危害大

严重贫血的孕妈妈因血红蛋白携带氧气不足而致胎宝宝缺氧，易引起胎宝宝宫内发育迟缓、早产，甚至死胎。孕妈妈本身还容易发生妊娠高血压综合征，产时及产后虽然出血不多也会因血液储备不足而导致休克，或因贫血严重导致心肌损害。

铁元素的饮食来源

◎孕妈妈在孕期容易发生贫血，要经常食用一些富含铁质的食物，如红枣、赤小豆等，这些食物能起到防治缺铁性贫血的作用。
◎ 动物内脏中的铁含量往往高于动物的肉，如猪肝、牛肝、羊肝、鸡肝等。
◎孕妈妈每天要有一定量的瓜果摄入，瓜果本身含铁量并不高，但是瓜果中含有丰富的维生素 C，它能促进食物中铁的吸收。

营养胎教——清淡饮食，继续添加蛋白质和钙质

孕妈妈这一阶段需要继续充分摄取蛋白质和钙。可以形象地量化，怀孕后期的蛋白质日摄取量相当于两个乒乓球大小的肉类、1小块鱼、1个鸡蛋、两大匙豆类、3～4块豆腐。钙的摄取量则相当于1杯牛奶。此外，这一时期，孕妈妈的饮食依然要清淡些，如果摄取过多的盐分，势必会饮用大量的水，而这样将会引起水肿、蛋白尿或高血压，甚至会引发妊娠高血压综合征，因此饮食应以清淡为宜。

为此，专家为孕妈妈推荐一款适合本阶段补充营养的美食——西蓝花炒肉，此菜含丰富的蛋白质，适合本阶段的孕妈妈食用。具体做法为：取西蓝花500克，猪肉200克，姜3片，蒜3瓣，香油、盐各适量。将西蓝花洗净，切成大小合适的小朵，放入开水中烫熟，捞出沥水，备用；猪肉肥瘦分开切，肥猪肉放一边待用，瘦猪肉放一边待用；热锅，放肥肉先煎油，再放入姜、蒜米炒香；放入瘦猪肉和西蓝花，炒熟，加入盐、香油，调味，即可。

◎ 西蓝花炒肉

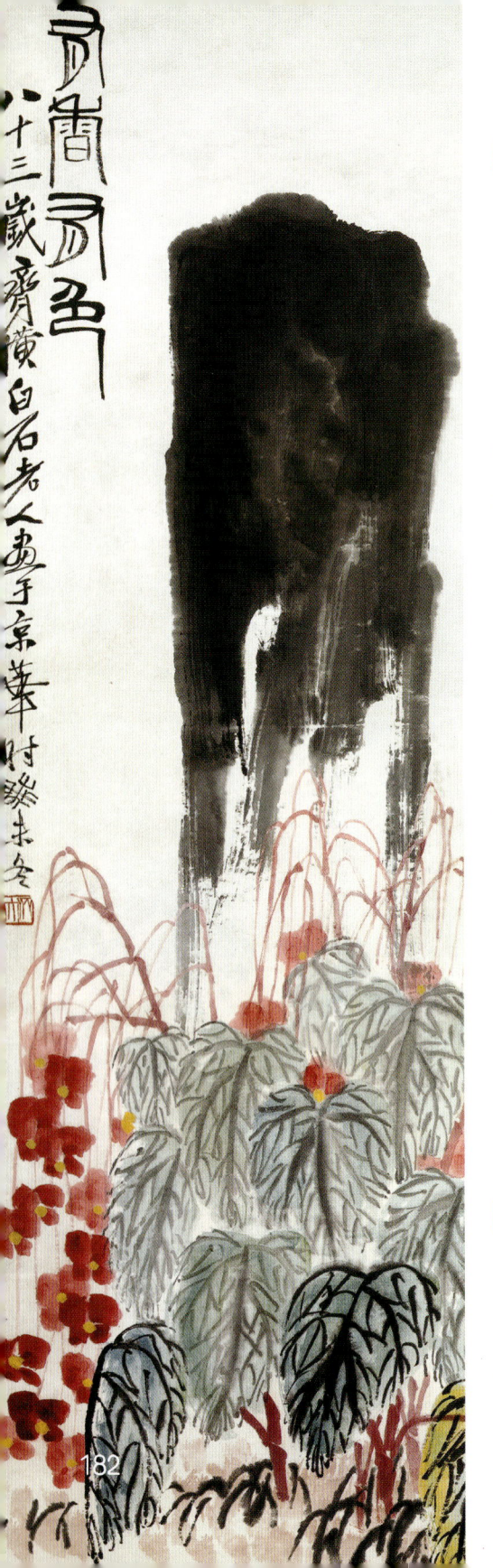

🔤 语言胎教——《春天来了》

春天来了，小树发芽了，小草变绿了，小花也开了，有桃花、梨花、丁香花、玉兰花，真是漂亮极了。晚上，天空挂着月亮，小星星在月亮婆婆身边睡着了。这时，公园里传来了好听的说话声。

桃花说："春天真好，我最喜欢春天了，太阳暖暖的，花儿也开了，多好啊！你们说是不是我先开的？是我把春天迎来的。"梨花说："你说得不对，是我先开的，你看我全身白白的，多像雪白的玉。"玉兰花说："你们说得都不对，是我最先和春姑娘说话的，我最香了，春姑娘最喜欢我了。"

花儿们的说话声把月亮婆婆吵醒了，月亮婆婆问花儿们："你们说什么呢？真热闹，让我也听听。"梨花向月亮婆婆招招手，高兴地说："月亮婆婆，春天真好，您告诉我们，是谁最先把春天姑娘迎来的？"

月亮婆婆想了想，微笑着说："春姑娘是小草最先迎来的，在你们没开花的时候，小草已经钻出地面了。"听了月亮婆婆的话，桃花、梨花、玉兰花都低下了头。月亮婆婆又说："好了，孩子们，咱们睡觉吧！待一会儿春姑娘该来叫你们了。"公园里又静静的了，月亮婆婆，还有桃花、丁香花、玉兰花都闭上眼睛了，她们的梦里春姑娘还在跳舞呢。

🎨 美育胎教——欣赏名画《有香有色》

《有香有色》是齐白石老人中后期的佳作。画面中浓墨的山石，色彩鲜明的花草，活灵活现的蚱蜢，彼此协调，互相衬托，充分体现了齐白石老人对生活的美好向往以及对大自然无比的热爱。

趣味胎教——动手捏蓝鲸

彩泥不仅仅是小朋友爱玩的玩具，同样可以作为胎教材料，给胎宝宝上一堂趣味胎教课哟！孕妈妈快快动手制作吧！

1 取白色、蓝色、黑色彩泥各一块。

2 将蓝色彩泥搓成圆柱形，在圆柱的末端三分之一处，将圆柱捏细些做尾巴，并令尾巴上翘些。

3 用剪刀或尺子将蓝鲸的尾巴中间剪开，分别捏扁，做成尾巴状。

4 用白色的彩泥做成眼白，用黑色的彩泥做出黑眼珠。

5 将眼睛为蓝鲸装好。

6 再用白色的彩泥给蓝鲸捏个小喷泉，按到头顶处，可爱的蓝鲸就完成了。

胎教密语

用彩泥捏一头小蓝鲸可不是容易的事情，孕妈妈不妨邀准爸爸一起来参加，这样也许容易一些。

给准爸爸的小叮咛

怀孕后期，孕妈妈的腹部越来越大，在行动上也是非常不便，隆起的大肚子让孕妈妈的重心也前倾了，所以这段时间要特别注意保证孕妈妈的安全，例如，减少孕妈妈做家务，外出时多陪伴孕妈妈，孕妈妈洗澡的时候最好铺上防滑的地毯以免滑倒。准爸爸需要做孕妈妈的贴心小护士，护其周全哦！

第三十二周 胎宝宝开始调整姿势为分娩做准备

专家在线 本周胎教有问必答

Q 耻骨疼怎么办？

A 对于一些症状较轻的耻骨疼痛，一般不会影响日常生活和工作，不必要做特殊治疗，只需在日常生活的小细节上多注意些，便可减轻疼痛。
◎不要久站或过多走路，多卧床休息，并尽量避免上坡、爬楼梯等行为。
◎睡觉时在两腿间放置一个枕头，能有效缓解不适症状。
◎站立时两腿要对称性地站着，坐着时背后放置靠枕，减轻腰部支撑力。
◎避免跨坐，跨坐时骨盆会进一步扩张，加大对耻骨的压力，从而使疼痛感进一步加重。

本周养胎大事件 做好自我监护

随着孕妈妈肚子越来越大，宫底越来越高，内脏往上推，胃、心、肺等受到压迫，孕妈妈会感到呼吸困难，各种不适感加重。因此，孕妈妈要充分注意做好自我监护。

注意心悸症状

这一时期孕妈妈的心脏会跳动得比平常快。如果跳动次数超过100次、跳动频率不规则，即有可能心悸，可以到医院检查。

进行第七次产检

怀孕32周孕妈妈就需要及时到医院进行第七次常规产检，包括彩色多普勒超声检查、评估胎宝宝体重等。定期进行产检是非常有必要的，可不要因为行动不便而懒于去医院检查。

营养胎教——适当吃些玉米

到了怀孕后期,各种不适如妊娠高血压综合征、贫血、便秘等问题会接踵而来,有些病症甚至有加重倾向。此时,更要注重饮食健康。

科学研究发现,玉米全身都是宝,各个部分都有不同的营养价值,例如玉米须水煎代茶饮具有利尿、降压、清热、消食、止血、止泻等作用,可用于预防及改善妊娠高血压综合征、肝胆类以及消化不良等疾病。玉米的花粉及胚芽含有天然维生素E,孕妈妈经常食用可强身健体,改善孕期巨幼细胞性贫血。玉米油中也含有丰富的维生素E,能有效改善皮肤粗糙问题,孕妈妈经常食用还能降低血液中胆固醇含量,预防动脉硬化及冠心病。

临床研究还发现,不同品种的玉米其营养价值也不尽相同。黄色玉米镁元素含量较多,而该物质具有舒张血管,加强肠道蠕动,促进胆汁分泌的作用,能促进人体内废物的尽快排出。另外,黄玉米中还富含谷氨酸等多种人体必需的氨基酸,具有促进胎宝宝大脑细胞的新陈代谢,有利于排出脑组织中的氨。红玉米中维生素B_2含量较高,对预防及改善孕期口角炎、舌炎、口腔溃疡等有明显功效。

注:玉米全身都是宝,可用于预防及改善妊娠高血压综合征。

知识胎教——太阳的秘密

太阳是距离地球最近的恒星,是太阳系的中心天体。太阳系质量的99.87%都集中在太阳。太阳系中的八大行星、小行星、流星、彗星、海王星天体以及星际尘埃等,都围绕着太阳运行(公转)。太阳给了地球光和热,给了地球四季,给了地球生命,没有太阳的光照,就没有地球上众多的生命,动物、植物都依靠着太阳生活。

音乐胎教——学唱《卖报歌》

歌曲音乐简单，朗朗上口，用朴实生动的语言，诙谐的笔调，描绘了小小卖报郎努力、乐观生活的状态。

啦啦啦！啦啦啦！

我是卖报的小行家，

不等天明去等派报，

一面走，一面叫，

今天的新闻真正好，

七个铜板就买两份报。

啦啦啦！啦啦啦！

我是卖报的小行家，

大风大雨里满街跑，

走不好，滑一跤，

满身的泥水惹人笑，

饥饿寒冷只有我知道。

啦啦啦！啦啦啦！

我是卖报的小行家，

耐饥耐寒地满街跑，

吃不饱，睡不好，

痛苦的生活向谁告，

总有一天光明会来到。

胎教密语

卖报的小孩，为了生活还在努力挣钱，虽然生活很艰苦，但是小男孩是勇敢的，妈妈也希望我的宝贝，无论遇到多大的艰难也要勇敢、坚强。

注：松林的早晨／（俄）伊凡·伊凡诺维奇·希施金

美育胎教——《松林的早晨》

寂静的松树林，迎来了安静的早晨，当一缕金色的阳光透过稀薄的云雾射向林间时，可以隐约看见几只活泼可爱的小熊在母熊的带领下，来到林中嬉戏玩耍，有的趴在树干上，有的在另一枝树干上，玩耍着。画面中空气中稀薄的雾水滋润着整个松林，巍然挺拔的松树枝叶繁茂，阳光透过缝隙照进来了，仿佛渐渐披上了一道道光芒，可爱的小熊尽情地玩耍，熊妈妈在一旁保护着它们。

画面勾勒了小熊童年的美好时光，大自然的美好气象，一片和谐相融之感，让观看者内心充满温情。

胎教密语

宝贝，你看那几只可爱的小熊，多么活泼、快乐，妈妈希望你也一样活泼快乐。

注：第一次爱抚 /（法） 威廉·阿道夫·布格罗

语言胎教——《给爱恩斯》

《给爱恩丝》是雪莱赞美他的新生女儿爱恩丝的，从诗句中表达出了雪莱对女儿的喜爱及赞美之情。

你可爱极了，

婴孩，

我这么爱你！

你那微带笑靥的面颊，

蓝眼睛，

你那亲热的、柔软动人的躯体，

教充满憎恨的铁心都生出爱心；

有时候，

你要睡就马上睡着了，

你母亲俯身把你抱紧在她清醒的

心上，

你默默的眼睛所感到的一切动静

就把她喜悦的爱怜传到你身上；

有时候，

她把你抱在洁白的胸口，

我深情注视你的脸，她的面貌就在你脸上隐现——这样的时候，

你更可爱了，

美丽纤弱的花苞；

你母亲的美影借你温柔的神态充分呈现后，你就最最可爱！

胎教密语

孕妈妈朗诵这首诗歌送给自己的孩子。细细品读字里行间，都透着温暖的爱语，宝贝的到来无疑是一家人最快乐的事情，激动、彷徨、盼望、等待，一系列的字眼都是一种爱的诠释。

运动胎教——减轻腿部疼痛

瑜伽中的英雄坐可以很好地缓解孕妈妈的腿部不适感,下面来学习一下。

1. 孕妈妈慢慢跪坐在瑜伽垫上,双膝并拢。如果双膝并拢有困难,可以双腿分开,以避免对腹部造成挤压。(图1)
2. 大腿外侧边缘与两髋平齐。双脚分开,脚心朝上。脚趾和脚面成直线向后伸展。
3. 吸气,将小腿肚向外翻转,以便胫骨沉向地面。(图2)
4. 保持双脚位置不变,臀部下沉坐于辅助物上,不要坐在双脚上。

胎教密语

这个时期孕妈妈的腿部一定是肿胀不舒服的,这个时候可以做做这样的动作,来缓解不适感。但注意动作的规范性和适度性。

给准爸爸的小叮咛
——帮助妻子解决腿部不适

准爸爸可以辅助孕妈妈做一些腿部的运动,例如适合孕妈妈的双人瑜伽,准爸爸积极配合孕妈妈,以便能有效缓解孕晚期出现腿部水肿疼痛的情况。

1

2

胎教心得月记

第三十三周

这个时期，腹部的变化特别明显，又鼓又硬，使得肚脐都凸露出来。这时排尿次数会增多，而且有排尿不净的感觉。随着分娩期临近，孕妈妈的性欲也明显下降。所以在怀孕晚期，应该暂时节制性生活，提倡以轻柔的爱抚表达夫妻间的爱意，有助于减轻孕妈妈的心理负担。

第三十四周

每次产前检查都要测量血压和化验尿液。可能注意到手上的戒指紧了，或者手脚肿胀。这是因为液体积留，但如果紧身的衣服限制了血液流动，情况会变得更糟。

第三十五周

孕激素、松弛素分泌及胎宝宝的体重作用引起骨盆连接部扩张，为分娩做准备。可能感觉到这些部位有些不舒服。

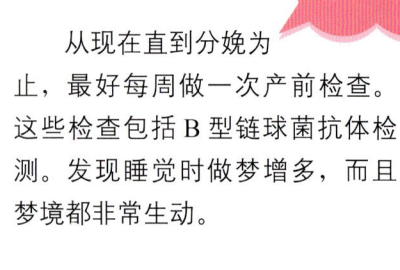

第三十六周

从现在直到分娩为止，最好每周做一次产前检查。这些检查包括 B 型链球菌抗体检测。发现睡觉时做梦增多，而且梦境都非常生动。

孕妈妈的现状

Part 9 孕9月

胎宝宝能敏感捕捉孕妈妈的情绪，孕妈妈可要注意了，时刻保持良好心情，给胎宝宝提供安全感。

除了每天给胎宝宝进行胎教外，情绪胎教更为重要，这个时候孕妈妈试也需要开始熟悉了，以免到了下个月应接不暇。

胎宝宝已经逐渐长成人形了，各个器官之间也发育完善，一些简单的分娩生产的尝试也需要开始熟悉了。

胎宝宝的现状

第三十三周
此时，胎宝宝的皮肤已经变得粉嫩，指甲也长到指尖，头围也增长到约9.5厘米，已经接近身体的正常比例。有的胎宝宝的头部已经进入骨盆。

第三十四周
这个时候胎宝宝的骨骼变得更加结实了。此时胎宝宝的头部应该进入骨盆了，如果胎位依然不正就需要及时纠正了。

第三十五周
胎宝宝的消化系统逐步发育完善，中枢神经也基本发育成熟，肺部发育也逐渐完成，可以自主呼吸了。

第三十六周
胎宝宝的肾脏和肝脏已经发育完全，活动幅度增大，手和脚丫有时候都能在腹部显示出来。

第三十三周 指(趾)甲长出来啦

专家在线 本周胎教有问必答

Q 孕妈妈感到烧心怎么办？

A 这一周孕妈妈可能会有胃灼热的感觉，特别是咳嗽，或者晚上睡觉转身都会感到胃灼热，这是因为子宫体积增大，压迫胃，导致胃内食物反流。注意以下几点有助于改善胃灼热不适感。

饭前喝杯牛奶。乳制品可以在胃壁上形成一层保护膜，帮助减轻烧灼感。

少食多餐。有助于减轻胃的负担。

避免吃辛辣、油腻类食物，以免引起胃灼热之感。

用餐时不要同时饮用大量流质食品，以免增加胃肠负担。

饭后尽量避免平躺。站立或缓慢地走动半个小时，减轻胃的负担。

本周养胎大事件 选定分娩医院

到了本周，距离预产期已不远了，在选择医院时，孕妈妈及准爸爸可以将以下三点作为入院的标准。

孕妈妈的身体状况

如果孕妈妈在妊娠期伴有异常情况或出现严重合并症，可以考虑选择大型综合性医院。可以为孕妈妈提供更合理的妊娠指导。

选择路程较近的医院

在选择分娩医院时，从家到医院的距离也应该考虑在内。尽可能选择离家较近的医院分娩，以免分娩开始时因医院离家较远而危及孕妈妈及胎宝宝的生命。

音乐胎教——《远航》

这首歌曲是电影《哥伦布传》的主题曲，也是 Rod Stewart 的成名作。歌曲朴实无华、意境悠远，可宣泄心情，给人以力量。

I am sailing 我在航行
Home again 'cross the sea
跨越海洋再次归家
I am sailing stormy waters
我在暴风中航行
To be near you 向你靠近
To be free 获得自由
I am flying 我在飞翔
Like a bird 'cross the sky
像只鸟儿飞越天空
I am flying passing high clouds
我在白云中穿越飞翔
To be near you 向你靠近
To be free 获得自由
Can you hear me 你可听到我的心声
Through the dark night far away
夜空茫茫，远隔万里
I am dying 我生命垂危
Forever crying 永远哭泣

To be near you 向你靠近
Who can say 其中甘苦谁能说
Can you hear me 你可听到我的心声
Through the dark night far away
夜空茫茫，远隔万里
I am dying 我生命垂危
Forever crying 永远哭泣
To be near you 向你靠近
Who can say 其中甘苦谁能说
We are sailing 我们在航行
Home again 'cross the sea
跨越海洋 再次归家
We are sailing stormy waters
我们在暴风中航行
To be near you 向你靠近
To be free 获得自由
Oh Lord 哦，上帝
To be near you 向你靠近
To be free 获得自由

语言胎教——朗诵泰戈尔的《太阳颂》节选

泰戈尔的诗歌题材、语言及表现方法是大胆的,别具一格的。他善于学习和运用人民生活中的口头语言,使诗歌的语言清新活泼。这首《太阳颂》热情饱满,词句铿锵有力。

啊,太阳,我的朋友,
舒展你光的金莲,
举起铮亮的巨钺,
劈开饱盈泪水的苦难的乌黑云团!
我知你端坐在莲花中央,
披散的发丝金光闪闪催醒万特的梵音,
飞自你怀抱的燃烧的琴弦。
今生今世第一个黎明,
你曾吻遍我纯洁的额际。
你的热吻点燃的光流,
在我心海翻涌着灿烂的波涛。
永不平静的火焰在我的歌里腾跃呼啸。
印着吻痕的我的碧血,

在韵律的洪水里旋舞。
如痴似狂的乐音,
融合着炽热的情愫飘向四方。
你的吻也引起心灵无端的啼器、
莫名的忧伤。
谨向你熊熊的祭火中,
我追寻的真理的形象顶礼。
远古的诗人,
昏眠的海滨你吹响驱散黑暗的苇笛是
我
的一颗心,
从笛孔袅袅流逸

胎教密语

这首诗歌,让准爸爸来阅读吧,用爸爸带有磁性的声音,阅读太阳颂,孕妈妈可以靠在舒服的沙发上听准爸爸阅读,一起来分享诗歌中美妙的字句。

环境胎教
——学习为宝宝布置婴儿房

婴儿房是宝宝成长和休息的主要场所，如何布置婴儿房才能让宝宝玩得好又睡得好呢？首先最主要的是安全和舒适。下面孕妈妈来学习一下如何为宝宝布置房间吧！

宝宝卧室的整体设计最好是淡雅一些，其中适当添加一些亮眼的颜色，可以帮助宝宝的视力发育，但是用色面积不宜太大。房间灯光那种日光灯和白炽灯是不可取的，最好选用比较柔和的壁灯。宝宝房间内也不要放容易误食的小物件，如小玩具、小装饰品、樟脑丸等等，以免宝宝误食。最后婴儿房间最好处于家居最通风透气光线又好的位置。

知识胎教——练习书法

孕妈妈可以去书店买一本钢笔或者毛笔字的书法临摹字帖，每天练上一页或两页，这样慢慢地积累下来，既可以培养自己认真细致的态度，培养出高雅乐观的情趣，也可以为胎宝宝提供一种良好的生长环境。练习书法不像参与其他活动那样需要定时定量，它的时间易于调配，在忙闲中取得平衡，是一种"闲人的忙事，忙人的闲事"。工作的孕妈妈，在忙余提笔写字，自能悠游其间，获得心灵的调剂；而

注：孕妈妈闲暇时不妨练练字，此方能有效地抚平烦躁情绪，令心灵上获得宁静。

较闲暇的孕妈妈，如果能提笔练字，必能由于练习书法而充实生活。

给准爸爸的小叮咛——外出时务必带好通信工具

如果有事需要外出，夫妻双方一定要带好通信工具，把双方号码存在最靠前的位置，固定时间保持联系，以防不测的发生。另外，孕妈妈不得已单独外出时，可以制作一张小卡片挂在身上，上面写好自己的名字、住址、家里电话、家人的移动电话、自己有无特殊病症等细节。

第三十四周 身体完全倒过来了

专家在线 本周胎教有问必答

Q 这一时期腿脚肿得厉害要注意哪些？

A 这一时期孕妈妈腿脚肿得更厉害了，但也不要限止水分的摄入，因为母体和胎宝宝都需要大量的水分。如果发现自己的手或脸突然肿起来，最好去看一下医生了。进入这一时期，孕妈妈最好不参加剧烈运动，以免早产，尤其是那些有过流产史的女性更应注意。这一时期，可以散散步。

本周养胎大事件 了解分娩征兆

孕妈妈应提早了解分娩征兆，避免分娩到来时手足无措。

宫底高度下降	妊娠 36 周后，当预产期逼近的时候，孕妈妈的宫底高度也一天天开始呈下降趋势
胎动减少	胎宝宝已经逐渐移到骨盆处，受其所处位置的限定，这个时候的胎宝宝活动会变得越来越少，1 个小时最多也只能活动 3 次左右
腹部紧绷感	到了快分娩的时候，先前不自觉的腹部紧绷感，可能一天中出现好几次。此为临产的先兆，用手触摸肚子会有硬邦邦的感觉，有些孕妈妈则伴有腹痛的情形。这种叫作产前阵痛的情形，也是生产的征兆之一

营养胎教
——"三低"饮食保健康

到了这个阶段了，孕妈妈要根据自身情况调整饮食结构了，可本着"三低"饮食原则安排一日餐单。所谓"三低"，即低盐、低水、低脂肪。因为本阶段的孕妈妈水肿情况较以往更加严重，吃得过咸更容易诱发或加重水肿，此阶段孕妈妈会出现尿频的问题，有时还可能发生尿失禁，若喝水过多可加剧尿频症状，甚至可致妊娠高血压综合征的发生。所以孕妈妈日常饮食要注意尽量清淡，荤素结合，把每天的摄盐量控制在 7 毫克以下。还要注意少吃高能量、高脂肪的食物，这些食物往往胆固醇含量过高，如果过多的胆固醇在血液里沉积，会使血液的黏稠度急剧上升，使血压升高，严重的会导致高血压病、高血压脑病（如脑出血）。

注：孕妈妈应本着"三低饮食"原则安排一日三餐，尽量多吃新鲜蔬菜。

音乐胎教——学唱《雪绒花》

《雪绒花》这首歌相信许多孕妈妈都听过，但您对它有多少了解呢？该曲是美国电影《音乐之声》中的一首插曲，曲调幽雅，旋律优美。随着电影的播放，其舒缓、轻柔的风格深深打动了听众们的心，现已深受各国人民喜爱。歌曲通过对雪绒花的赞美，极大程度地抒发了作者对大自然的热爱，同时也寄托了主人公对亲人、家乡浓浓地怀念之情，和深深地祝福。

我们再从歌曲的结构来看，此曲为单二部曲式，旋律的节奏基本以四分音符、二分音符、附点二分音符这三种音符构成，三四拍子和中等速度使歌曲没有较大的起伏。

雪绒花，雪绒花，

every morning you greet me

每天清晨迎接我。

small and white, clean and bright

小而白，纯又美，

you look happy to meet me

总很高兴遇见我。

blossom of snow may you bloom and grow

雪似的花朵深情开放，

bloom and grow forever

愿永远鲜艳芬芳。

edelweiss, edelweiss

雪绒花，雪绒花，

bless my homeland forever

为我祖国祝福吧。

胎教密语

《雪绒花》这首曲子旋律缓慢悠长，能极大程度地安抚不良情绪，令情绪、心灵得到安抚。孕妈妈在聆听此曲时，还应该体会其中浓浓的爱意，并将此传递给腹中胎宝宝。

美育胎教——《干草车》

《干草车》是英国著名风景画家约翰·康斯太勃尔在1821年创作的油画作品。画面大部分被天空占据，是一幅平淡的乡间场景。画中从深远透明的云层中透现出来的阳光洒在树梢和绿草地上。一辆大车正涉水而过，不远处的农舍和古树及小河流，非常的协调，这时移动的大草车，引起了小狗的狂吠。天空透明湛蓝，云彩大朵大朵地在天际飘动，河水清澈，房屋和树木相协调，河边淘洗的农妇以及其身后颇具特色的乡间小屋。沉着的色调给画面平添了几分静谧与安逸。一片乡村恬静之境被勾勒出来，画家用绚丽多变的色彩和浓郁的抒情笔调将看者带入了一片自然、安静、祥和、清新，充满美感的世界。

注：干草车 /（英）约翰·康斯太勃尔

语言胎教——《田螺姑娘》

从前,有个孤苦伶仃的青年农民,靠给地主种田为生,每天日出耕作,日落回家,辛勤劳动。一天,他在田里捡到一只特别大的田螺,心里很惊奇,也很高兴,把它带回家,放在水缸里,精心用水养着。

有一天,农民照例早上去地里劳动,回家却见到灶上有香喷喷的米饭,厨房里有美味可口的鱼肉蔬菜,茶壶里有烧开的热水,第二天回来又是这样。两天,三天……天天如此,那个农民决定要把事情弄清楚,第二天鸡叫头遍,他像以往一样,扛着锄头下田去劳动,天一亮他就匆匆赶回家,想看一看是哪一位好心人。他大老远就看到自家屋顶的烟囱已炊烟袅袅,他加快脚步,要亲眼看一下究竟是谁在烧火煮饭。可是当他蹑手蹑脚,贴近门缝往里看时,家里毫无动静,走进门,只见桌上饭菜飘香,灶中火仍在烧着,水在锅里沸腾,还没来得及舀起,只是热心的烧饭人不见了。

一天又过去了。农民又起了个大早,鸡叫下地,天没亮就往家里赶。家里的炊烟还未升起,他悄悄靠近篱笆墙,躲在暗处,全神贯注地看着屋里的一切。不一会儿,他终于看到一个年轻美丽的姑娘从水缸里缓缓走出,身上的衣裳并没有因水而有稍微的湿润。姑娘移步到了灶前,就开始烧火做菜煮饭。

年轻人看得真真切切,连忙飞快地跑进门,走到水缸边,一看,自己捡回的大田螺只剩下个空壳。他惊奇地拿着空壳看了又看,然后走到灶前,向正在烧火煮饭的年轻姑娘说道:"请问这位姑娘,您从什么地方来?为什么要帮我烧饭?"姑娘没想到他会在这个时候出现,大吃一惊,又听他盘问自己的来历,便不知如何是好。年轻姑娘想回到水缸中,却被挡住了去路。青年农民一再追问,年轻姑娘没有办法,只得把实情告诉了他,她就是田螺姑娘。青年非常喜欢田螺姑娘,后来他们就结了婚。

知识胎教——认识数字

孕妈妈从这周开始可以进行认识数字的胎教内容了，比如教给宝宝认识简单的阿拉伯数字，最好能与实物相结合。如教"1"这个数字时，可以说"1像铅笔"等；在教"2"这个数字时，可以说"2像小小鸭子"，来强化对实物的认识。

1　1像铅笔细又长。

2　2像小鸭水上漂。

教"3"这个数字时，可以说"3像耳朵"等；在教"4"这个数字时，可以说"4像彩旗飘"。

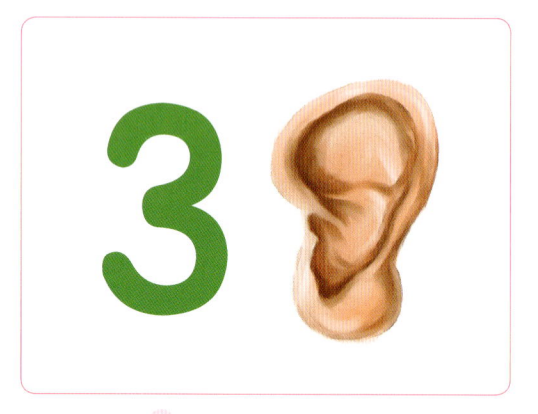

3　3像耳朵听声音。

4　4像红旗迎风飘。

胎教密语

胎宝宝的发育已经基本完善了，这个时候进行数字胎教最好不过了。

运动胎教——跪式呼吸法

虽然孕妈妈已经到了第九个月,但是必要的运动还是要进行的,练习呼吸法,对放松心情,改善身体状态很有好处。

动作解析

1. 呈跪坐姿势,深呼吸。(图1)
2. 吸气,双手手掌支撑地面,双膝跪地,腹部与地面平行,大腿与地面平行,头部微微上抬,腹部有下沉的感觉,保持数分钟。(图2)
3. 呼气,腰部抬高,头微微向下,保持数分钟。(图3)
4. 慢慢调整呼吸,返回第一步。

胎教密语

进行此锻炼,一定要根据身体情况来练习,不能过于要求自己,也不能过于劳累。

第三十五周 圆圆滚滚好可爱

专家在线 本周胎教有问必答

Q 如何改善孕晚期呼吸不畅？

A 孕晚期，孕妈妈的子宫变得越来越大，使得横膈膜无限地靠近胸腔，且在血容量增加的共同作用下，心脏的负荷逐渐增大，导致孕妈妈出现严重的呼吸困难问题。当遇到此类问题时，千万不要惊慌，可以用以下方法来缓解不适症状。

日常生活缓解法

◎睡姿以侧卧位或半侧卧位为宜，并随时调换体位。如果呼吸困难症状加重，可以将枕头垫高，并在后背垫上一个枕头。

◎坐姿要端正，挺胸、肩膀靠后的姿势会让肺部感觉轻松。

◎如果在运动、做家务时出现呼吸困难，应该将运动、做家务活的动作放缓，并适时调整呼吸。

调整呼吸缓解法

◎呼吸法。孕妈妈选择合适的体位，然后慢慢静心、放松，完全清空思绪，感受呼吸。

◎胸式呼吸法。孕妈妈

取站位，深吸气时，两手臂由内向外伸张开，再上举，同时头向上抬起；大口呼气时，两手臂自然下垂于身体两侧，同时头向下低。

◎腹式呼吸法。孕妈妈取半卧位，双膝收拢，左手置于腹部，紧闭双眼。吸气时腹部慢慢上升，呼气时横膈膜慢慢下降，直到排出体内所有的浊气，开始慢慢吸气。

◎鼻腔呼吸法。一般情况下，使用左鼻孔呼吸代表平静，右鼻孔呼吸代表激情。孕妈妈如果出现呼吸困难症状时，就应该多使用左鼻孔呼吸，以便更好地达到镇静的效果。

本周养胎大事件

保持阴道清洁，为分娩做保障

妊娠9个月，孕妈妈的体力大减，容易疲倦。许多事情都懒得去做，但孕妈妈要注意，无论多么疲劳，清洁工作一定不能怠慢，这是为胎宝宝的健康分娩做准备。孕妈妈体内常寄生着某些致病菌，尤其是厌氧链球菌，常常寄生在产道内。平时身体健康、抵抗力强时这些致病菌不会对健康造成伤害，但受怀孕影响孕妈妈的免疫力下降，如果不注意阴道卫生，就会造成感染，分娩时，病菌活跃还会对母婴双方造成伤害。

对胎宝宝而言，分娩时宝宝通过阴道时，潜伏在阴道内的病菌可向宫颈口逆行，引起子宫、附件感染，使宝宝皮肤、眼睛受到病菌侵害。若病菌进入羊水，污染羊水，引起宫内感染，会直接威胁到宝宝，有时会导致新生儿败血症。

对孕妈妈而言，宝宝娩出后，胎盘从子宫壁剥离娩出时，子宫壁毛细血管开放，或分娩时撕伤宫颈、阴道、外阴等，病菌便会从创伤面进入血液，从而引起外阴炎、子宫内膜炎、附件炎等病症。感染严重者，可导致高烧、昏迷甚至危及生命。所以，孕妈妈一定要注意做好外阴部的清洁工作。

营养胎教——科学喝牛奶

喝牛奶益处多

◎ 牛奶中的铁、铜和维生素A有美容作用,可使皮肤光滑。
◎ 牛奶中的维生素可提高视力。
◎ 睡前喝牛奶有催眠作用。
◎ 牛奶中的钙能促进骨骼生长。
◎ 酸奶和脱脂乳可增强免疫系统功能。

健康饮用牛奶的技巧

◎ 选择牛奶时,应选用著名的牛奶品牌,并注意查看牛奶的营养成分、生产日期、保质期、保存条件。
◎ 早上饮用,切忌空腹。最好先吃点食物,如可以吃点面包、饼干等,然后再喝牛奶。
◎ 饮用方式(热饮或冷饮)要看个人的习惯和肠、胃道对牛奶的适应能力而定。

饮用牛奶要适量

一般推荐,孕中期以后,每天要喝300～500毫升牛奶(1～2袋),以补充钙和蛋白质。同时,还可以补充一些其他营养素,如维生素、矿物质等。

抚摩胎教——推动宝宝自己运动

针对这个时期已经"成熟"的胎宝宝,准爸爸及孕妈妈可以继续和胎宝宝做游戏,以增进与胎宝宝的感情,同时也活跃胎宝宝的身心。今天,准爸爸及孕妈妈可以与胎宝宝来一场抚摩胎教,准爸爸及孕妈妈可以从不同方位轻轻推动胎宝宝(动作一定要轻柔,千万要小心谨慎),感觉一下胎宝宝的反应。

通常情况下,胎宝宝第一次接受此项胎教时不会做出任何反应,但只要反复几次之后,胎宝宝就会有所响应。

语言胎教——朗读卡里·纪伯伦的《论孩子》

诗人从根本上否定了父母把孩子视为私有物的观念,强调孩子是独立的,与父母是平等的个体,父母需要给予孩子无限的爱。

你们的孩子,都不是你们的孩子,

乃是生命为自己所渴望的儿女。

他们是借你们而来,却不是从你们而来,

他们虽和你们同在,却不属于你们。

你们可以给他们以爱,却不可给他们以思想,

因为他们有自己的思想。

你们可以荫庇他们的身体,却不能荫庇他们的灵魂,

因为他们的灵魂,是住在"明日"的宅中,

那是你们在梦中也不能相见的。

你们可以努力去模仿他们,却不能使他们来像你们,

因为生命是不倒行的,也不与"昨日"一同停留。

你们是弓,你们的孩子是从弦上发出的生命的箭矢,

那射者在无穷之中看定目标,也用神力将你们引满,

使他的箭矢迅疾而遥远地射了出去。

让你们在射者手中的"弯曲"成为喜乐吧;

因为他爱那飞出的箭,也爱了那静止的弓。

给准爸爸的小叮咛
——帮妻子涂抹妊娠霜

这个时期,孕妈妈的身子比较笨重,准爸爸可以帮助孕妈妈涂抹妊娠霜,这样既可以帮助孕妈妈改善妊娠斑,还能增进彼此之间的感情。准爸爸在涂抹妊娠霜的时候还可以和孕妈妈及胎宝宝进行交流。

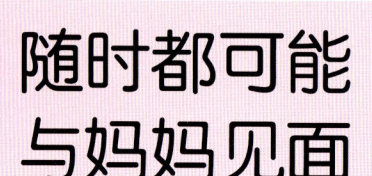

第三十六周 随时都可能与妈妈见面

本周胎教有问必答 · 专家在线

Q 羊水应该是多少才算正常?

A 对于胎宝宝来说,羊水多了或少了都没有什么好处。那么,羊水多少才算合适,才算得上是恰到好处呢?

最大羊水池垂直羊水深度在3~7厘米为正常,少于3厘米为羊水减少,超过7厘米为羊水增多。以孕妈妈的脐部为中心,分上、下、左、右4个区域,将4个区域的羊水深度相加,就得到羊水指数,孕晚期羊水指数的正常值是8～20厘米。

羊水的多少一般居家不容易检测,这就需要孕妈妈坚持做好产检,并随时与医生保持沟通,跟踪羊水的多少变化。

本周养胎大事件 · 确认胎盘前置

胎盘前置在孕中、晚期易于发生出血,对胎宝宝也会有影响,主要表现为容易因出血多引起早产。早产儿可能会因生存能力较差容易引起死亡,也可能会因产妇休克从而发生胎宝宝窘迫,导致胎宝宝严重缺氧以至于胎死宫内。因此前置胎盘的围产儿死亡率较高。

28周后才能确认是否为胎盘前置

孕妈妈在孕早期发现胎盘前置不必太惊慌,因为有一部分胎盘前置可以随着孕周增加、子宫下段形成、胎盘受牵拉会上移,并不是真正的胎盘前置。这时,孕妈妈应定期观察胎盘的位置变化,注意不要剧烈活动并禁止进行性生活。如果孕28周后检查仍为胎盘前置就要警惕了,一旦出现阴道流血,要立即送医院。

营养胎教
——选择性地吃点小零食

这一时期，孕妈妈对零食的摄取，只要把握好品种的选择、进食量及进食的时机等环节，不仅对大人大有裨益，也能为肚子里的胎宝宝营养加分！

葡萄干

能补气血，利水消肿，其含铁量非常高，可以预防预期贫血和水肿。尤其有些胖的准妈妈还有患有妊娠糖尿病的孕妈妈不能吃葡萄干。

大枣

大枣自身含有丰富的维生素C，还能给孕妈妈补充铁，是很好的孕期零食。大枣也不能吃得太多，很容易使孕妈妈胀气。

核桃

核桃含有丰富的维生素E、亚麻酸以及磷脂等对促进大脑的发育很重要的物质，核桃中的脂肪非常高，吃得过多容易造成身体发胖，进而影响孕妈妈的血糖、血脂和血压。

酸奶

酸奶含益生菌，有助于帮助孕妈妈调理肠胃，酸奶同时又富含蛋白质，是补充蛋白质很好的来源。

情绪胎教
——想象宝宝的模样

距离胎宝宝降生的日子越来越近了，许多准爸爸和孕妈妈都憧憬着胎宝宝降临人世的美好画面，憧憬着宝宝无限光明的未来。其实，这种憧憬也是胎教的一种表现形式，今天，不妨将此作为一堂想象胎教课程，不仅能令准爸爸及孕妈妈的情绪高涨，胎宝宝也会因此而受益。

宝宝即将出世了，准爸爸的心情一定会和孕妈妈一样激动，甚至有的准爸爸比孕妈妈还迫切希望能快些见到可爱的宝宝，于是准爸爸可能会在梦境中梦到与宝宝见面的情景。有的会梦到医生将宝宝交给自己的一刹那那种幸福满足的感觉；也有的会梦到自己听到宝宝第一声啼哭时的激动心情；还有的会梦到为宝宝办满月酒

> 我的宝贝，你到底长得什么样子呢？

时，来自亲朋好友的衷心祝福……

无论什么样的梦境，都是美好的，准爸爸可将这一美好的梦境讲述给孕妈妈听，要知道孕妈妈也会对你的"痴想"感到无比幸福，这对胎宝宝来说更是非常有益的！

边想象边和胎宝宝对话，这个月份胎宝宝能辨认出准爸爸和孕妈妈的声音了，准爸爸和孕妈妈可以将想象胎教与对话胎教结合进行，一边憧憬胎宝宝出生后的事情，一边与胎宝宝讲话。例如：准备一个道具娃娃，准爸爸和孕妈妈可以练习为娃娃穿衣服、换尿布、洗澡等日常必做的工作，一边做一边对胎宝宝说："宝宝，你看爸爸（妈妈）正在学习给你换尿布，等你出生后，爸爸（妈妈）就能轻松驾驭这一技巧了，不至于让你的小屁屁被便便浸泡哟！"

音乐胎教——欣赏《喜洋洋》

《喜洋洋》这首曲子是中国著名民族音乐家、民族弓弦乐大师、作曲家、教育家刘明源先生的作品。

全曲共分三段，第一段取材于山西民歌《卖膏药》，笛子声轻快活泼，热情。第二段由山西民歌《碾糕面》改编，曲调舒展，旋律圆润，喜悦的歌声犹闻在耳。第三段重复第一段的旋律。

运动胎教
——进行运动需要注意的要点

到了孕晚期，孕妈妈行动不方便了很多，运动量要减少了，做一些简单的家务或者散步运动比较适宜。孕妈妈坚持锻炼身体，对于孕期的健康和顺利分娩都很有帮助。但是，锻炼的时候一定要注意安全，不要过量。下面是一些简单的方法，可以帮你很容易地控制运动量：

◎ 运动时注意补充水分，不要感到渴再喝水，最好喝一些温水。

◎ 让心率保持在适当的范围内，把速度放缓。

◎ 不要把自己弄得精疲力竭，锻炼应该感到心情愉快，身体放松才对。

对话胎教
——与胎宝宝更多交流

到了本阶段，胎宝宝不仅可以听到外界的声音，并对外界声音做出反应，还可以分辨出高音和低音。孕妈妈和准爸爸在这个时候应增加与宝宝的对话，通过语言胎教促进胎宝宝智力和听觉能力的增长。此时，胎宝宝可能还听不懂父母的对话，但是他能够听见过父母的声音和语调，感受到来自父母当时的情绪变化以及父母深情的爱意。所以，此时用语言刺激胎宝宝的听觉神经系统及其大脑，对胎宝宝发育无疑是有益的。妊娠到9个月，前段时间的语言胎教形式仍然可以继续进行，不过，今天的胎宝宝已经可以接受更多的信息了，对外界知识的渴望也更加强烈了，所以，准爸爸和孕妈妈应不断扩大对话的范围，满足胎宝宝的实际需求。

那么，如何扩大胎宝宝的对话内容呢？孕妈妈及准爸爸可以这样做：当有胎动或胎动较活跃时，可以向胎宝宝说话，时间不宜长，每次10分钟左右。讲话时应保持室内安静，孕妈妈姿势可取坐式或卧式，向胎宝宝询问当前状况，为什么要发出胎动。孕妈妈也可以根据当时的所见所闻给胎宝宝介绍生活中的小动物、物品等，只要对话内容不复杂，简单明了就可以了。

本月的胎宝宝已经是个小人了，与其对话一定要讲究一些原则：吐字要清晰，声音要缓和；不必考虑胎宝宝能否听懂，只要你的语言及声音能给胎宝宝安全感就可以了。

故事胎教——《凿壁偷光》

《凿壁偷光》的故事来源于西汉匡衡凿穿墙壁引邻舍之烛光读书。

西汉时候，有个农民的孩子，叫匡衡。匡衡很喜欢读书，借了很多书在家里读。匡衡白天要帮家里干活，只有晚上的时间可以读书。有一天晚上，匡衡躺在床上背白天读过的书。背着背着，突然看到东边的墙壁上透过来一线亮光。他走到墙壁边一看，原来从壁缝里透过来的是邻居的灯光。于是，匡衡想了一个办法：他拿了一把小刀，把墙缝挖大了一些。以后，他就凑着透进来的灯光，读起书来。匡衡就是这样刻苦地学习，后来成了一个很有学问的人。

语言胎教——《三字经》节选

《三字经》是中华民族珍贵的文化遗产，它短小精悍、朗朗上口，千百年来，家喻户晓。

人之初,性本善。性相近,习相远。
苟不教,性乃迁。教之道,贵以专。

昔孟母,择邻处。子不学,断机杼。
窦燕山,有义方。教五子,名俱扬。
养不教,父之过。教不严,师之惰。
子不学,非所宜。幼不学,老何为。
玉不琢,不成器。人不学,不知义。
为人子,方少时。亲师友,习礼仪。

译文

人生下来的时候都是好的,只是由于成长过程中,后天的学习环境不一样,性情也就有了好与坏的差别。

如果从小不好好教育,善良的本性就会变坏。为了使人不变坏,最重要的方法就是要专心一致地去教育孩子。

战国时,孟子的母亲曾三次搬家,是为了使孟子有个好的学习环境。一次孟子逃学,孟母就割断织机的布来教子。

五代时,燕山人窦禹钧教育儿子很有方法,他教育的五个儿子都很有成就,同时科举成名。

仅仅是供养儿女吃穿,而不好好教育,是父亲的过错。只是教育,但不严格要求就是做老师的懒惰了。小孩子不肯好好学习,是很不应该的。一个人倘若小时候不好好学习,到老的时候既不懂做人的道理,又无知识,能有什么用呢?

玉不打磨雕刻,不会成为精美的器物;人若是不学习,就不懂得礼仪,不能成才。

美育胎教——《洗澡》

《洗澡》为玛丽·卡萨特所作,她是美国著名画家与版画家,她擅长描绘女人,特别是反映母子关系的作品。这幅画是一幅以母爱为主题的画作,画家运用色彩刻画母女之爱,画面中描绘了一位母亲正在为孩子洗澡的场景,两个人物由她们的姿势动作而互相联系;母亲的右手握着小女孩右脚,她们的左手又在膝上碰到一起。画家运用俯瞰的方法,将孩子和母亲的画面拉长,色调展现了画面中美好的情绪,母亲动作亲昵,孩子可爱,加深了对母爱主题的烘托。

胎教密语

宝贝,等你出生后,妈妈也会给你洗澡的,让我们干干净净的,你一定也很喜欢吧!妈妈对你的爱就像温暖的水一样。

给准爸爸的小叮咛

在这个阶段,孕妈妈的身体营养也是十分关键的,准爸爸可以精心准备可口的食物,让孕妈妈吃得更健康,除此之外,一些必要的家务准爸爸也要开始承担了,不能让孕妈妈做动作过大的家务,以免造成身体不适。

胎教心得月记

第三十七周

随着预产期的临近，孕妈妈下腹部经常出现收缩或疼痛，甚至会产生阵痛的错觉。疼痛不规则时，这种疼痛并非阵痛，而是身体为适应分娩时的阵痛而出现的正常现象。随着分娩期的接近，子宫口开始变得湿润、柔软、富有弹性，有助于胎宝宝顺产。孕妈妈现在要做的是充分休息，做好一切准备，耐心等待分娩的来临。

第三十八周

在怀孕晚期，分娩来临的焦虑、睡眠不足、产后的疲劳和结束怀孕的渴望等多种情绪混杂到一起，使一些孕妈妈陷入抑郁。如果有这种感觉，要将感受告诉医生，尽量暂时停止工作。

第三十九周

由于子宫占据了骨盆和腹部的大部分空间，孕妈妈会感到非常不舒服。

第四十周

本周该分娩了，但只有约 5% 的胎宝宝按预产期出生。多半胎宝宝在预产期前后两周内分娩。

孕妈妈的现状

Part 10

孕10月

迎接期盼已久的宝贝

漫漫孕途就要接近尾声了，准备还有最后一个月宝宝就来到了我们的身边，时间过得很快，虽然每一天都是快乐和辛苦并存，但是等到宝宝的到来就一切都是幸福的，年轻的夫妻们你们准备好了吗，如果准备好了就赶紧行动起来吧。

胎宝宝的现状

第三十七周

大脑仍在发育，由于胎宝宝已经很大了，小小的子宫已经快容不下了，因此胎宝宝只能蜷缩成一团地蠕动，随时等待降生。

第三十八周

此时，胎宝宝的皮肤已经变得光滑细腻，一些分泌物和胎便会随着羊水带出。

第三十九周

这个时候胎宝宝的各个器官已经发育完善，头部基本上都固定在了骨盆，有了逐步向下的趋势。

第四十周

胎宝宝已经发育成熟了，随时可能出生。而且此时为了迎接外界新环境胎宝宝已经逐渐形成了数十种的反射能力来保护自己。

第三十七周 已经可称为足月儿了

本周胎教有问必答 专家在线

Q 遇到男妇产科医生时如何化解尴尬?

A 卫生部门对此有一项规定,男医生在对孕妇进行产检时,必须有一位或者一位以上的女护士陪同。所以,当孕妈妈遇到男妇产科医生时,最好能用平常心对待,事实上,医生自从走进医学院开始,所受到的教育首先就是摒弃性别、年龄、身份,全心全意为患者服务。因此,在每个医生的心目中,他所接待的都是患者,而没有男女之别。所以,孕妈妈大可不必担心自己的私密部位暴露在男妇产科医生面前。当然,如果孕妈妈从心底无法接受男妇产科医生,也没有必要勉强自己。

本周养胎大事件 脐带绕颈

如想判断脐带是否缠绕,可以在产前通过彩色多普勒超声检查胎宝宝身体上有无脐带压迹来确诊,有经验的彩色多普勒超声医生还可以准确地测出脐带缠绕的周数。如果想检查脐带绕脖对胎宝宝的健康是否会构成危害,还可以通过胎宝宝电子监护观察胎宝宝心率的变化。

脐带绕颈的处理方法

如果在第一产程发现有脐带绕颈的情况,并伴有胎宝宝宫内缺氧症状,需立即实施剖宫产手术。如果在第二产程发现脐带缠绕状况,需加快分娩速度。娩出时发现脐带缠绕过紧,应立即用产钳助产剪断脐带。

营养胎教
——补充水溶性食物

到了孕晚期,孕妈妈的新陈代谢达到了顶峰,同时增长的还有胎宝宝的生长速度。在这个最后的冲刺阶段,虽然还是需要补充丰富的营养素,但需要调整一下饮食结构了:应该减少米、面之类的主食量,防止胎宝宝脂肪过多而成巨大儿,造成难产或产后出血。可以增加优质蛋白、钙、铁的摄入量。除此之外,还需要补充充足的水溶性维生素(尤其是维生素B_1)。

认识水溶性维生素

水溶性维生素常是辅酶或辅基的组成部分,主要包括维生素B_1、维生素B_2以及维生素C等。

缺乏水溶性维生素有危害

如果孕晚期缺乏水溶性维生素,孕妈妈容易发生呕吐、乏力,还会影响分娩时的子宫收缩,延长产程。

含有水溶性维生素的食物

猕猴桃、番石榴、樱桃、柑橘、橙子、芥蓝、菜花、黄瓜、番茄、红椒等。

合理烹食助营养吸收

为了保证孕晚期钙、水溶性维生素等被孕妈妈身体最大化地吸收,我们需要在日常饮食中注意以下几点。

◎ 淘米时,搓洗要轻,不要洗太多遍,以免营养素流失。
◎ 做面食尽量用蒸、煮的方法。
◎ 蔬菜越新鲜越好,先洗后切,切完急火快炒。
◎ 蛋类要煮熟后吃。
◎ 为了防治缺铁性贫血,炒菜时最好用铁锅。

注：柳溪晚钓图（局部）/齐白石

音乐胎教——《渔舟唱晚》

《渔舟唱晚》是一首古筝独奏，此曲取自唐代诗人王勃在《滕王阁序》里"渔舟唱晚，响穷彭蠡之滨"中的"渔舟唱晚"四个字。曲子中描绘了夕阳西下，渔船渐渐回归，渔歌四起，渔夫丰收欢乐的情景。这首乐曲是20世纪30年代以来，在中国流传最广、影响最大的一首筝独奏曲。这首富于诗情画意的筝曲曾被改编为高胡、古筝二重奏及小提琴独奏曲。

乐曲开始，以优美典雅的曲调、舒缓的节奏，描绘出一幅夕阳映照，碧波荡漾的画面。接着，以音乐的主题为材料逐层递降，曲调活泼，富有情趣。当曲调再次变化反复时，一段优美的旋律层层下落，乐曲风格突然变强，优美动听，将渔舟唱晚之感演绎得淋淋尽致。最后先递升后递降的旋律接合成一个循环圈，多次反复，而且速度渐次加快，表现了快乐的渔民悠然自得，白帆随波逐流，满载而归的情景。

胎教密语

宝贝，听着悠扬的曲调，让妈妈给你讲一讲渔舟唱晚的故事，你一定也能感受到收获的喜悦吧，这就是勤劳才能有收获的真谛哦！

音乐胎教——哼唱《小星星变奏曲》

《小星星变奏曲》是莫扎特的作品，是一首脍炙人口的名曲，原题为《啊！妈妈，我要告诉你》的十二段变奏曲。旋律单纯质朴，乐声自然而愉快地流淌着。孕妈妈可以跟着一起唱这首歌，仿佛能够看到：夜晚，晴空万里，一颗一颗的小星星闪耀着，仿佛是在跳舞，庆祝什么，月亮出来后，小星星仿佛又害羞地躲了起来。我们的胎宝宝仿佛就和小星星一样，爱活动。

一闪一闪亮晶晶，

满天都是小星星，

挂在天空放光明，

好像许多小眼睛。

情绪胎教——保持心态平和

胎宝宝是具备人格潜力的，准爸爸及孕妈妈万万不可对此疏忽大意，倘若胎宝宝心灵深处无意识的部分受到伤害将影响他（她）的一生。胎教专家认为：如果对胎宝宝施教得当，将会使孩子一生受益。

今天的情绪胎教的原则就是要求孕妈妈在整个孕期都要保持心平气和，这将决定胎宝宝的健康。据科学研究发现，母腹中各种声音的旋律与孕妈妈的心率相吻合，如果孕妈妈的精神状态良好，心平气和，其心率正常的话，胎宝宝在子宫里会有一种安定、舒适的感受，从而能够更加健康、正常地发育。

众所周知，人的情绪并不是一成不变的，特别是处于特殊时期的女性，情绪会受到许多大大小小的事情影响，这就要求孕妈妈要保持心平气和，遇事不要盲目行事，更不要乱发脾气。你可以按照以下方法去做：

首先，孕妈妈要做好处理问题的心理准备，不论该问题会往什么方向发展，都不要动气。其次，孕妈妈应认真分析事情的起因、经过以及可能导致的结果，在预测事件结果的好坏时，孕妈妈不必因此而令情绪受到影响，要坦然面对，心平气和地去接受。再次，如果遇到一些不必自己亲自解决的问题，孕妈妈完全可以情准爸爸或其他家庭成员帮忙。

语言胎教——朗诵现代诗《雪花的快乐》

《雪花的快乐》是著名诗人徐志摩的作品，展现了他对自由、理想、爱情的追求。在《雪花的快乐》中，诗人把它作了升华，将爱情表达得十分清晰，她应该是热烈而清新的，真挚而自然的，这首诗真切地表达了诗人对一切美好事物的执着追求。

假如我是一朵雪花，
翩翩地在半空里潇洒，
我一定认清我的方向——
飞扬，飞扬，飞扬，——
这地面上有我的方向。
不去那冷寞的幽谷，
不去那凄清的山麓，
也不上荒街去惆怅——

飞扬，飞扬，飞扬，——
你看，我有我的方向！
在半空里娟娟地飞舞，
认明了那清幽的住处，
等着她来花园里探望——
飞扬，飞扬，飞扬，——
啊，她身上有朱砂梅的清香！
那时我凭借我的身轻，

盈盈的，沾住了她的衣襟，
贴近她柔波似的心胸——
消溶，消溶，消溶——
溶入了她柔波似的心胸！

胎教密语

《雪花的快乐》是一首纯诗，巧妙地传达了诗人执着追求爱情和美好理想的心声。但这是被诗人意念填充的雪花，被灵魂穿着的雪花。

美育胎教——《抱鹅的少年》

出自希腊哈尔基顿的雕刻家波厄多斯之手，他擅长以风俗题材进行雕塑，是当时因专门雕刻儿童形象而闻名的艺术家。他的这件《抱鹅的少年》体现的是一个天真活泼的小孩和一只大鹅一起嬉戏的情景。

波厄多斯生活在公元前3世纪，那个时期是希腊化风俗性雕塑发展的时代，几乎触及生活的各方面，从超凡脱俗的神性，开始表达最普遍的人性，特别重视真实地塑造人物形象。在这幅作品中，作者将儿童的形象塑造得活灵活现，他正使劲想把往前走的鹅扳回来，而这只鹅则直蹬着叉开的双腿，张开嘴来拼命与儿童抗衡，而这个儿童似乎也乐在与大白鹅的对抗之中，他那顽皮的笑容充分体现出一个儿童固有的天真无邪与活泼开朗的天性。另外，作者还对儿童的体态、动作、皮肤进行了精心雕刻，使该雕塑看起来十分真实、自然，孩子头部的发型有很强的韵律节奏感，头顶上的小发卷则更显得可爱逗人，使整个雕塑看起来富有极其浓厚的生活气息，使观赏者们看到了那蓓蕾初放的生命力，仿佛又回到了色彩斑斓的童年时代。

胎教密语

欣赏完这幅雕塑后，身为孕妈妈的你是否也回到了童年时代？是否幻想过你的宝宝长大后也能与这个孩子一样活泼可爱、充满活力呢？

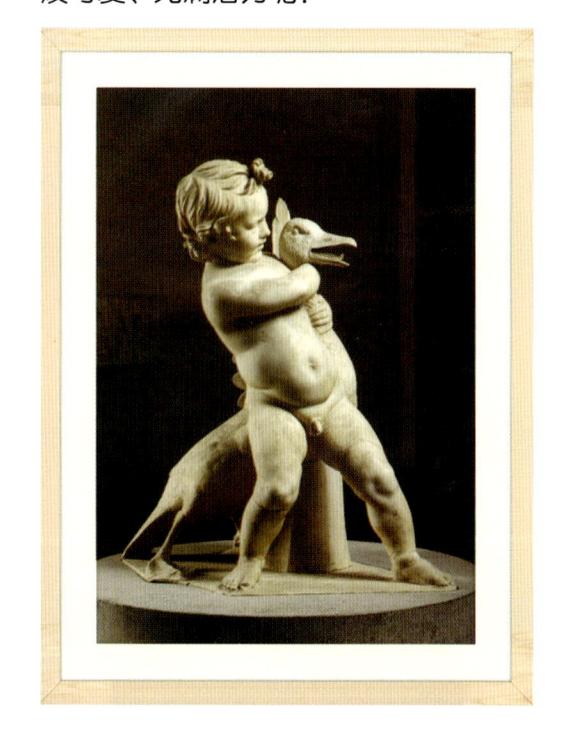

趣味胎教——水笔画《一棵小树》

画一棵正在努力生长的小树吧,让宝贝也感受一下生命的生机勃勃。

1. 准备一张白纸及彩笔。
2. 先勾勒出大树的主体,树干、树枝。
3. 然后画出茂盛的树冠。
4. 最后涂上颜色。

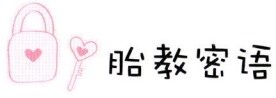

胎教密语

宝贝,妈妈把这幅画送给你,希望你如这棵树一般,正在汲取养分,努力生长。

第三十八周 为宫外生活做准备

专家在线 本周胎教有问必答

Q 产前如何保持好的睡眠？

A 调查显示，临产前一个月内夜间睡眠少于 6 小时的孕妈妈，分娩过程比睡眠保持在 7 小时以上的孕妈妈长；那么如何才能让产前孕妈妈拥有高质量的睡眠呢？

◎养成睡午觉的习惯。如果孕妈妈还在工作，午睡就格外的重要了。其实只需要靠在一个地方，小睡 20 分钟，或者闭目养神。

◎降低室温可以使人易于入睡，但要注意室温不可调至太低，适度为宜。

◎睡前要保持良好的情绪。避免入睡前情绪过于激动，以平和的心态入睡，愉悦地迎接新一天的到来。

本周养胎大事件 了解脐带先露

脐带先露

是指脐带在胎先露的前方或一侧，胎膜未破裂前叫脐带先露；破膜后，脐带随羊水沿破口脱落在胎先露的下方，经过宫口进入阴道内甚至脱出在外阴部，则称为脐带垂落。

脐带先露的诊断方法

大多通过产前彩色多普勒超声检查就可确诊。

脐带先露的处理措施

一般采取抬高孕妈妈的臀部，如果是足先露、肩先露或有头盆不称等情况，最好进行剖宫产手术。脐带脱垂可经阴道触诊进行诊断。如果脱出阴道之外，目视即可看到。

情绪胎教——调节紧张情绪，轻松对待分娩

大多数孕妈妈对分娩无经验、无知识，对宫缩、见红、破膜感到害怕、紧张，不知所措。怕痛、怕出血、怕胎宝宝出现意外状况。是顺产还是难产，一般取决于产力、产道和胎宝宝自身3个因素。对后两个因素，一般产前都能作出判断，如果有异常发生，肯定会在产前决定是否进行剖宫产。所以，只要产力正常，自然分娩的希望很大。如果每天担心自己会难产，势必会造成很大的心理负担，正确的态度是调动自身的有利因素，积极参与分娩，即使因为特殊的原因不能自然分娩，也不要情绪沮丧，还可以采取其他方式分娩。

远离产前焦虑

临产前焦急与等待、期盼与担心，矛盾交织，很多孕妈妈既渴望早一天见到宝宝，又会为分娩时宝宝或自己是否受到伤害而担心，过度的焦虑与担心会影响孕妈妈的睡眠与休息，引发妊娠高血压综合征，会增加分娩的困难，甚至导致难产。这些不良的心理状况需要与产科医生、心理医生及时沟通，得到丈夫及家人的关爱也是保持孕妈妈良好精神状态的重要支柱。

其实，宝宝的出生不仅是对宝宝的一次历险，更是对将为人母的你的巨大考验。毕竟对于第一次将做母亲的你来说，分娩是一件令人感到恐惧紧张的事。但妈妈对宝宝爱的天性会让你承受住一切痛苦。

不怕疼痛

面对即将来临的产痛，孕妈妈精神上可能会有一定压力，这主要受亲属、妈妈和姐妹的影响，或受周围环境发生的影响，如病房内其他孕妈妈的分娩经过，待产室内其他孕妈妈的号叫或呻吟等刺激造成。子宫收缩可能会使孕妈妈感到有些疼，但这并非不能忍受。如果出现疼痛，医生会让孕妈妈深呼吸或对孕妈妈进行按摩，减少疼痛，如果实在不行，还可以用安定等药物来镇痛。

注：分娩前，若出现焦虑、紧张的情绪，不妨给好友打电话吐露心中疑虑，切莫憋在心里，而诱发产前焦虑。

音乐胎教
——《土耳其进行曲》

《土耳其进行曲》，为奥地利音乐家莫扎特于 1781～1783 年在慕尼黑或维也纳所作的 A 大调第十一号钢琴奏鸣曲的第三乐章，又称为《土耳其风回旋曲》。它是一首单独的进行曲小品，后此曲被相继改编成爵士、复调等多种曲风版本，以及改编为香港动画片《土耳其进行曲》。

乐曲的曲调简洁而具有极强的节奏感。八分音符均整一贯的节奏，加上十六分音符来提高活泼感，全曲都能体现出一种童贞般的单纯。在贝多芬的作品中像这种快活的节奏是屡见不鲜。其中的变奏朴实有力，但又不陷于单调，是一种巧妙的关联。

如果熟悉土耳其音乐，会能明显地感到这支曲子土耳其民族风味并不浓。但是，它的风格已经破除了俗套，显得独特而别致、全首曲子曲调流畅动听，令人们喜爱。

语言胎教——朗诵戴望舒的《偶成》

这首诗是作者作于抗战最后的岁月，它不仅代表着那个时候的革命乐观精神，而且还是一首生命的赞歌，是诗人历经磨难之后得到的大悟。

生命永远等待春天，
春天不会让所有的洁白融化，
僵硬的凝冰可能永远不会解冻，
可凝冰永远拥有春天，
湛蓝的天空，冷峻的雪峰。
好东西不会都永远存在，
相信我吧，
失去的是雪，
我永远拥有水。
冬天来了，
我的拥有没有少，

春天来了，
我的拥有没有多。
可我长大了，成熟了，
我的拥有多了，
那毕竟是自然的一部分，
自然长大的一部分，
其实，自己应该拥有的你一生都
不会完全拥有，
顺其自然吧，
不能每秒都测量自己的身高，
不能每天都娇艳欲滴。

🎨 美育胎教——《西斯廷圣母》

这幅画为意大利画家拉斐尔圣母像中的代表作，装饰于圣西斯托教堂。

画中人物和真人大小相仿。这幅作品塑造了一位人类的救世主形象。圣母决心牺牲自己的孩子，来拯救苦难深重的世界。画面像一个舞台，圣母脚踩云端，神风徐徐送她而来。代表人间权威的统治者教皇西斯廷二世，身披华贵的教皇圣袍，取下桂冠，虔诚地迎圣母驾临人间。圣母的另一侧是圣女渥瓦拉，她代表着平民百姓来迎驾，她的形象妩媚动人，沉浸在深思之中。她转过头，怀着母性的仁慈俯视着小天使，仿佛同他们分享思想的隐秘，这是拉斐尔的画中最美的一部分。人们忍不住追随小天使向上的目光，最终与圣母相遇，这是目光和心灵的汇合。圣母的塑造是全画的中心。

🚶 运动胎教——多散步

散步有助于分娩

专家指出，孕妈妈临近分娩时应多做些适当的运动，不仅可以预防便秘和静脉曲张，避免自己和胎宝宝的体重增长过快，减轻身体的种种不适，而且还可使关节韧带变得柔软，腹肌更加有力量，从而在分娩时顺利生出宝宝。

以慢走为主

孕晚期的散步以稍慢的脚程为主，过快或时间过长都不好，在速度上，以 3 千米/小时为宜，时间上以孕妈妈不感觉疲劳为宜。

👨 给准爸爸的小叮咛
——亲手为胎宝宝做玩具

准爸爸可以试着动手设计些能和婴儿一起玩的玩具。想象着将来胎宝宝出生后，可以与自己一起玩这些玩具，那种喜悦与成功感是很温馨的。

注：西斯廷圣母 / （意）拉斐尔·圣齐奥

第三十九周 完全发育成熟

专家在线 / 本周胎教有问必答

Q 分娩前去医院检查需要有哪些注意事项？

A 对医生的询问积极回答

医护人员在分娩前询问有关孕妈妈的基本情况和自我感觉，孕妈妈要耐心地向医生说明，让医生在接生的过程中可以做到有备无患。

做最后一次基础检查

为了正确地选择分娩方式、安排分娩时的各项事宜，孕妈妈还必须做产检时的各项检查。

检查内生殖器

自然分娩或剖宫产等分娩方式的选择，都需要医生给孕妈妈做进一步的检查后再确定，主要包括宫颈的状况、胎位的正常与否、胎宝宝的下降情况、骨盆的大小等，这些检查基本都需要通过内诊来完成。

本周养胎大事件 / 脐带打结怎么办

脐带打结有两种类型，一种为脐带假结，是由于脐血管与脐带长度不一致，血管在脐带中扭曲而引起，并非真正打结。另一种是脐带真结，如果打结处没有拉紧，对胎宝宝就没有影响。如果脐带拉紧，就会阻断血液循环，最终导致胎宝宝死于宫内或者在分娩时造成死产。

脐带打结的诊断方法

一部分可以通过产前彩色多普勒超声检查确诊。还有的彩色多普勒超声检查也不能看到，直到分娩后有脐带真结。脐带打结的处理措施目前对于这种异常还没有有效的治疗方法，孕妈妈应密切注意胎宝宝的状况，如果胎宝宝一直没有缺血、缺氧等症状出现，就可以继续孕育，直至分娩。

营养胎教
——为分娩储备营养

镁

妊娠中毒症是孕晚期常见的并发症，主要是因为心脏等血液循环系统出了问题。为维持循环系统的正常活动，适当摄取镁非常重要。孕妈妈在妊娠过程中雌性激素分泌量会增加，镁的需求量也会随之增加。所以，补镁不仅是为了预防妊娠中毒症，也是妊娠中每天需要摄取的营养素。镁在大豆中含量丰富。

维生素 B_1

孕晚期需要补充充足的水溶性维生素，尤其是维生素 B_1。这是因为孕妈妈需要维持良好的食欲与正常的肠道蠕动，孕晚期如果维生素 B_1 摄取不足，易引起便秘、呕吐、气喘与多发性神经炎，还会使肌肉衰弱无力，以致分娩时子宫收缩缓慢，使产程时间延长，从而增加分娩的困难。

维生素 K

在孕晚期，孕妈妈应注意多食用富含维生素 K 的食物，以预防产后新生宝宝因缺乏维生素 K 而引起内出血、消化道出血等症状。

在此，专家为孕妈妈推荐一款补充维生素 K 的理想美食——果仁菠菜，此菜可祛火消毒、养胃生津，是补充维生素 K 的理想选择。具体做法为：取菠菜 400 克，炒花生仁 50 克，腰果 15 克，盐、陈醋各适量，生抽、香油各 1 小匙。将锅内放油，放腰果炸成金黄色捞出，再放花生米，也炸成金黄色捞出来。菠菜择洗干净，放入开水中烫熟悉，捞出过凉水，沥干，切成小段。放入生抽、陈醋和香油拌匀，最后撒炸好的花生米和腰果即可。

◎ 果仁菠菜

🎵 音乐胎教——《雨中漫步》

一首适合冥想的音乐《雨中漫步》，场景令人愉悦和安定。雨中漫步：在雨中悠闲地走动。

漫，不受约束，自由，随意地散步。

🔐 胎教密语

孕妈妈心情不佳的时候可以听听这首曲子，绝对可以舒缓你的紧张情绪，让你信心倍增。

📝 语言胎教——《一诺千金》

楚汉相争时，季布是项羽的部下，曾几次献策，使项羽的部队大败刘邦的部队。刘邦当了皇帝后，想起这事，就气恨不已，下令通缉季布，并严厉地宣布："有胆敢隐藏逃犯季布者，灭其三族。"季布原是楚国人，从军后一直仗义疏财，广交天下，因此很多人宁愿冒着危险也会收留他。不久，季布装扮成穷人，到山东一家姓朱的人家当佣工。朱家明知他是季布，仍收留了他。后来，朱家觉得季布这样东躲西藏不是办法，就只身到洛阳去找刘邦的老朋友汝阴侯夏侯婴说情。刘邦在夏侯婴的劝说下撤销了对季布的通缉令，还封季布做了官，不久又改做河东太守。

季布有一个同乡叫曹邱生，很有口才，专爱结交有权势的官员，借以炫耀和抬高自己，季布一向看不起他，得知季布又做了大官就托窦长君介绍他与季布相识。季布听说曹邱生要来，准备发落几句话，让他下不了台。谁知曹邱生一进厅堂，不管季布的脸色多么阴沉，话语多么难听，立即对着季布又是鞠躬，又是作揖，要与季布拉家常叙旧，并吹捧说：

"我听到楚地到处流传着'得黄金千两，不如得季布一诺'这样的话，这都是我到处宣扬你的好名声的结果，你为什么不愿见到我？"季布听了曹邱生的这番话，心里顿时高兴起来，留下他住几个月，作为贵客招待。临走，还送给他一笔厚礼。后来，曹邱生又继续替季布到处宣扬，季布的名声也就越来越大了。

美育胎教
——欣赏齐白石的《虾》

齐白石虾图，体现了高度的笔墨技巧，在表现了水墨、宣纸的独物性能外，又将虾之质感表现得淋漓尽致，是齐白石笔下最写实的对象之一。齐白石曾无奈地说："予年七十八矣，人谓只能画虾，冤哉！"齐白石的虾，栩栩如生，情趣盎然。懂得笔墨也善于操纵笔墨的齐白石，他在下笔画虾时能巧妙地利用墨色和笔痕表现虾的结构和质感。

胎教密语

孕妈妈这个时期平心静气是最好的状态，如果心情还是按捺不住，不妨欣赏一下名画，这样也能让胎宝宝感知孕妈妈情绪的稳定。

注：虾／齐白石

语言胎教——读古诗

如果孕妈妈已经把手中的语言故事都读给了胎宝宝，这时候不妨换换我们中国古老的古诗，让胎宝宝领略一下中国古老的智慧。

静夜思

（唐）李白

床前明月光，

疑是地上霜。

举头望明月，

低头思故乡。

相思

（唐）王维

红豆生南国，

春来发几枝。

劝君多采撷，

此物最相思。

游子吟

（唐）孟郊

慈母手中线，游子身上衣。

临行密密缝，意恐迟迟归。

谁言寸草心，报得三春晖。

第四十周 与妈妈见面吧

专家在线 本周胎教有问必答

Q 如何判断真假临产？

A 如果孕妈妈这一周感到肚子痛的时候，就以为要临产了。一般这个时候孕妈妈一定要注意，因为肚子痛并不一定意味着是要临产了，极有可能是假性临产。一般情况是子宫收缩，肚子疼痛10分钟，但在在床上休息后疼痛又缓解了，肚子也变软后叫假性临产。但是当孕妈妈感觉肚子发硬，子宫有规律地收缩，每10分钟1~2次，才叫临产。但不同的人会有不同的反应，真性临产的时间也并不确定。

本周养胎大事件 充分了解分娩类型

自然分娩

女性妊娠和分娩都是极其自然的生理现象，是人类繁衍后代的必经之路。怀孕280天左右，正如瓜熟蒂落，必然要分娩，这是一个极其自然的过程。自然阴道分娩是最为理想的分娩方式，当胎宝宝发育正常，孕妈妈骨盆发育没问题，且身体状况良好时，就能够依靠子宫阵发的有力节律收缩将胎宝宝推出体外，即可选择自然阴道分娩。这样不但对孕妈妈和胎宝宝都没有多大的损伤，而且新妈妈产后身体各个系统和生殖器官也能很快得以恢复。

不仅如此，胎宝宝若经阴道分娩的话，分娩过程中有规律地子宫收缩，不但能使胎宝宝肺脏得到锻炼，为出生后自主呼吸创造有利条件，而且经阴道分娩时，胎头的娩出可像游泳时抬头换气一样，将胎宝宝体内积贮在肺、鼻和口腔中的羊水和黏液挤出，这样胎宝宝落地后，呼吸道通畅，新鲜空气进入肺部，可以立即进行氧气交换，使胎宝宝容易成活。

另外，阴道自然分娩时，最低处的胎头因受子宫收缩的挤压，头部血液充沛，可为脑部的呼吸中枢提供较多物质供给。值得注意的是，胎头在通过产道时被拉长变形是一种自然情况，一般不会影响智力。

剖宫产

由于某种原因，无法从阴道分娩时，施行剖宫产可以挽救母婴的生命，剖宫产的手术指征明确，麻醉和手术一般都很顺利。如果施行选择性剖宫产，于宫缩尚未开始前就应施行手术，可以免去母体遭受阵痛之苦。腹腔内如有其他疾病时，也可一并处理，如合并卵巢肿瘤或浆膜下子宫肌瘤，均可同时切除。做结扎手术也很方便，对已有不宜保留子宫的情况，如多发性子宫肌瘤等，亦可同时切除子宫。

由于近年剖宫产术安全性的提高，许多妊娠并发症和妊娠合并症的终止妊娠，临床医生多选择剖宫产术。

不过专家建议孕妈妈，如果能通过阴道自然分娩，就不要选择剖宫产。因为剖宫产也有其一定的弊端，例如，手术时可能发生大出血及腹损伤，损伤腹内其他器官，术后也可能发生泌尿、循环、呼吸等系统的合并症；手术中即使平安无事，但术后也可能会出现子宫切口愈合不良，晚期产后流血，腹壁窦道形成，切口长期不愈合，易引发肠粘连或子宫内膜异位症等情况。

水中分娩

水中分娩一般会在一间特殊的产房进行。在一个形似按摩浴缸的"分娩水池"内，产妇泡在经过特殊处理的温水中，在助产士指导下，合理换气、放松……慢慢地一个小生命就顺利降临人世。

水中分娩可以减轻产妇的疼痛感，水包托的力量可以给予产妇心理上的安全感，并对产妇的产道和盆腔起到保护作用。另外，在水中分娩有利于产妇休息，更容易放松，产程缩短，也减少了产妇的会阴侧切率。但对于产妇来说，是否选择水中分娩，还要看自身情况。

其他分娩方式

◎无痛分娩。无痛分娩是指在阵痛开始的时候进行镇痛，或者胎宝宝进入产道前进行麻醉等消除分娩时疼痛的分娩方法。这种分娩方式适用于对痛感过于恐惧，以及患有高血压、心脏病等身体不能承受过度压力的产妇。

◎坐姿分娩。使用特殊的分娩台采用坐着的姿势分娩。这样产妇腹部更容易用力，使分娩更容易进行，比躺着的姿势视野更加开阔，不安也会少一些。

营养胎教——分娩中孕妈妈的饮食注意点

马上就要分娩了,合理安排孕妈妈的饮食是非常重要的。身为准爸爸,一定要注意妻子饮食及营养的科学供给,避免让妻子食用不利于分娩的食物。今天,我们就为孕妈妈及准爸爸解析产前分娩的饮食原则。

产前食补的两大不宜食品

产妇在临产前要多补些热量,以保证有足够的力量促使子宫口尽快扩张,顺利分娩。而产妇在临产前,由于频繁的阵痛发生,身体不舒服和心情紧张不安,食欲很差。有些地区按照传统习俗让产妇吃桂圆煮鸡蛋或者让孕妈妈喝人参汤作为产前滋补。然而,临床实验证明,桂圆、人参均不宜作为产前滋补食品。桂圆有使子宫收缩乏力的弊病,不利于分娩的顺利进行,产科医生大多不主张食用。而食用人参或人参汤需经过较长的时间才能被身体消化吸收,并不能让产妇尽快补充体力,因此,产前食用效果并不理想。

分娩前吃巧克力有利于加快分娩

当前很多营养学家和医生都推崇在分娩前食用巧克力,认为它可以充当"助产大力士",并将它誉为"分娩佳食"。营养师认为,巧克力的营养丰富,含有大量的优质碳水化合物,而且能在短时间内被人体消化吸收,产前食用,能快速为产妇补充体力。据测定,每100克巧克力中含有碳水化合物50克左右,脂肪30克左右,

蛋白质 15 克以上，还含有较多的锌、维生素 B_2、铁和钙等。它被消化吸收和利用的速度是鸡蛋的 5 倍。到了分娩期孕妈妈可能吃不下太多食品，而巧克力体积小、热量高，且口味香甜，孕妈妈也爱吃。产妇只需在临产前吃上 1~2 块巧克力，就能在分娩过程中产生出很多热量。因此让产妇在临产前适当多吃些巧克力，对母婴都是十分有益的。

音乐胎教——《爱的致意》

《爱的致意》是英国现代作曲家挨尔加题赠给新婚妻子的一首音乐小品，音乐绮丽婉转、甜蜜温馨，旋律优美动人极富歌唱性，让人一听倾情。

曲子采用大提琴演奏，歌曲欢快、活泼、热情洋溢，仿佛这就是无限的爱意。感觉爱围绕着自己，吉他的分解和弦也恰到好处，将大提琴柔美的音色衬托得更加美妙，之后乐曲宋旭下降，转入一个新的节奏，大提琴深情款款的演奏，使爱的情感得到进一步深化。

胎教密语

热情欢快的音乐，能让孕妈妈为之动情，这恰恰证明了歌名的含义：爱的致意，孕妈妈可以用这首曲子送给自己的胎宝宝，让他感受这份爱的传递。

美育胎教——《亲吻》

这一阶段，孕妈妈内心一定是忐忑不安的，因为宝宝马上就要来到身边了，但是孕妈妈一定要保持平和，如果可以还是继续进行胎教吧，欣赏一幅名画，心绪也许会得到平静。

《亲吻》是法国画家阿道夫·威廉·布格罗的画作，作家绘画的内容多为母与子、牧羊女、农妇和小孩等，并且不断地重复了那个母性主题。《亲吻》这一幅画将母与子之间的感情表达得淋漓尽致。

注：亲吻／（法）阿道夫·威廉·布格罗

🔤 语言胎教——《分娩的幸福》

分娩，意味着孕育的终点，宝宝即将到来，幸福与疼痛交织，但爱的力量战胜一切。

分娩，使生命走向辉煌，
做母亲，让女人完整。
痛苦与幸福同时存在，
降生的那一刻就注定，
一切成果一头系在幸福，
另一头系在痛苦，
——撕心裂肺的痛苦。
划破产房里一丝丝的血腥，
我听见了，从久远的年代传来，
那是一种裂帛的惨叫。
伴随着电闪雷鸣，凄风苦雨，
每一个稚嫩的生命，
都降生在母亲无助的痛苦之中。
有了母亲，出世的那一刻，
每一个幼小脆弱的生命，
不会躺在泥水里也不会匍匐于冰天雪地。
母亲会把儿女揽在怀里，
尽管母亲还在流血，还在痛苦中挣扎……
懵懂的小生命会以笑靥报答母亲，
尽管还不谙世事，也分辨不清赤橙黄绿青蓝紫。
他的梦里却已经有了颜色，
母亲，是橘黄色的温情，粉红色的呓语。
尽管人类从蒙昧的时代走来，
分娩却还例行着亘古不变的过程。
不管是顺产还是难产，母亲要承受一切，
体会着那种幸福的痛……

💕 胎教密语

分娩的痛苦与喜悦相交织，孕妈妈和准爸爸期待宝宝最后的到来，而胎宝宝也一样正在努力降生到这个新鲜的世界。一起来期待这个美好的日子吧！

👶 给准爸爸的小叮咛
——陪妻子一同分娩

在孕妈妈生产的过程中如果准爸爸可以陪同一起进产房应该是比较好的，在孕妈妈努力生产的过程中如果准爸爸在这时紧紧握住妻子的手，温柔地看着她，轻轻吻向她的额头或眼睛，会让妻子镇静下来，想起你们爱的结晶也马上要出世了。也是给孕妈妈的一种鼓励和加油。

当听到宝宝脆亮的第一声啼哭后，你会和妻子充满成功感和满足感。

附录 1 每月胎教要点

1个月

本月生活小要点

◎如果有泡澡的习惯，最好改用淋浴，以避免泌尿生殖系统感染。
◎备孕，即使身体状况不佳，也不可以擅自服用药物。
◎切勿憋尿不上厕所，以免引起膀胱炎或尿道炎。
◎应该戒烟或避免吸入二手烟。

本月孕妈妈不适症状

◎情绪不稳。
◎有微热或倦怠感。

本月孕事笔记

2个月

本月生活小要点

◎一定要去医院确认怀孕，并寻找一个适合做定期检查的医院。
◎活动时留意腹中的胎宝宝，不要手提重物，行走要缓慢，切忌急速奔跑，避免剧烈运动。
◎注意流产征兆，如出现应及时就医。
◎注意预防流行性感冒。
◎妊娠反应严重时可去妇产科就诊。

本月孕妈妈不适症状

◎阴道出血。
◎下腹部疼痛。
◎妊娠反应。

本月孕事笔记

3个月

🐦 本月生活小要点

◎到社区领取健康手册，并随身携带健康手册。
◎改穿不会让腹部受凉的内裤。
◎阴道出血或分泌物不正常时应尽快去医院检查。
◎通过多普勒彩色超声检查确认预产期。
◎勿穿紧身衣裤，可选择稍宽松、透气的衣服。可将已有的衣服修改为较宽松的样式，或者试着穿一下丈夫的衣服。
◎选择穿低跟及防滑的鞋子，以免滑倒。

本月孕妈妈不适症状

◎阴道出血或下腹部产生疼痛。
◎孕吐症状严重。

本月孕事笔记

4个月

🐦 本月生活小要点

◎由于分泌物增多，容易流汗，为了保持身体清洁，要勤洗澡，勤更换内裤。
◎注意预防妊娠纹。
◎准备孕妈妈专用的内裤。
◎要花费力气的事情找丈夫帮忙。
◎安排时间接受产前例行检查（满16周）。

本月孕妈妈不适症状

◎发生脚抽筋。
◎分泌物增加。
◎会有因贫血等所引起的晕眩。

本月孕事笔记

5个月

本月生活小要点

◎准妈妈应避免长时间站立及注意身体保温。
◎乳腺开始发达且乳房增大，有时甚至会出现乳汁分泌，要注意保持乳头清洁。
◎若发生小腿抽筋，宜尽快按摩腿肚或一手压住膝盖一手将脚指头往上用力压。

本月孕妈妈不适症状

◎会感到心悸或喘气。
◎开始感觉到胎动。
◎会从乳头流出黄色的分泌物。

本月孕事笔记

6个月

本月生活小要点

◎随时观察白带颜色，如果白带呈茶褐色，表示有出血的可能，伴随发痒与疼痛的黄色白带有可能是阴道发炎引起的。
◎平时勤换内裤，常洗澡，保持外阴清洁。
◎穿稍大一点的内衣。
◎避免长时间站立，睡觉时可抬高双腿。
◎上、下楼梯宜踏稳脚步，将身体重心放在前脚，较不易跌落。

本月孕妈妈不适症状

◎开始出现妊娠纹。
◎腹胀频繁。
◎出现脚水肿、腰痛。
◎可能会出现便秘。

本月孕事笔记

7个月

本月生活小要点

◎如果腿上出现了静脉瘤或水肿，睡觉时可用垫子垫高脚来睡，这样就会轻松很多。不适症状也会得到一些缓解。

◎走路时宜保持抬头挺胸的姿势，坐时腰部要有支撑，且不要长时间坐着，以免加重水肿症状或出现腰酸等不适。。

◎进食后不要马上躺下，可采用半坐卧姿。

◎变换姿势体位时，动作不要太迅速。

本月孕妈妈不适症状

◎可能会出现便秘和痔疮。

◎可能会出现腰酸脚痛。

◎可能会有胸口灼热感。

◎可能会有出血或腹胀。

本月孕事笔记

8个月

本月生活小要点

◎定期做产前检查。

◎做好胎心监护工作，尤其在孕 28 周后，要每天计算胎动。

◎ 认识生产前征兆，避免过度劳累。

◎减少出入公共场合、人多或过度拥挤的地方，以减少感染概率。

本月孕妈妈不适症状

◎可能会有出血、膨胀、水肿等症状。

◎可能会有心悸或淋巴腺疼痛等症状。

◎可能会有乳晕部、外阴部等部位肌肤发黑的情况。

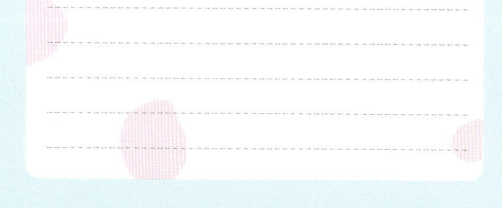

本月孕事笔记

9个月

本月生活小要点

◎做一些有助于顺产的体操及呼吸法。

◎不要单独外出。若必须外出，必须带好通讯设备，以防意外发生。

◎备妥住院生产所需用物及重要的证件，如保健卡、夫妻二人的身份证、结婚证、准生证、准妈妈健康手册、医院挂号证等。

◎若发生不正常出血或早期破水，应马上前往医院待产，切莫拖延。

本月孕妈妈不适症状

◎可能会出现腹胀、出血、水肿。

◎可能会出现镇痛、宫缩、破水、见红等分娩征兆。

◎可能会出现漏尿现象。

本月孕事笔记

10个月

本月生活小要点

◎数阵痛的时间间隔，以确定是否要分娩。假如阵痛为每15分钟阵痛1次，慢慢变成每10分钟阵痛1次时，表示这已经是生产前的阵痛现象了。

◎出现规则的腹胀或疼痛、出血（带茶色的少量出血）、破水等，要紧急连络医院。

◎不要太急着等待生产，等有生产征兆时再住院也不迟。

本月孕妈妈不适症状

◎可能会出现腰或耻骨疼痛。

◎可能会不规则的腹胀。

◎可能会出现分娩征兆。

◎可能会出现分泌物变多的情况。

◎可能会出现胎动减少。

本月孕事笔记

附录 2 经典胎教音乐大放送

01 《天籁般的声音》美好的让人向往的好声
02 《乌兰巴托之美》那么静那么静
03 《昨日的美好》平缓放松
04 《静如清澈的流水》缓缓的音乐
05 《美人鱼的吟唱》柔美动听
06 《温暖的幸福》口琴演奏
07 《Sunday park》温暖的轻唱
08 《橄榄树》楚楚动听
09 《深吟如花开》有一种温暖人心的感觉
10 《茉莉花》满园花草香也香不过它
11 《哎呀呀我的宝贝》让你知道你最美……
12 《二泉映月》聆听那来自心灵深处的诉说……
13 《渔舟唱晚》晚霞辉映下渔人载歌而归
14 《杨柳轻拂》能让人舒心活力
15 《江南多美好》表达对幸福生活的感受
16 《假日的海滨》碧绿的波澜，荡漾在我们的身边
17 《欢乐喜洋洋》民族音乐演奏
18 《顺其自然》宁静和温馨感人
19 《春江烟花三月》清商曲辞·吴声歌曲
20 《薰衣草》胎教音乐之水晶特荐
21 《让世界充满爱》感动每一个人
22 《发如雪》圆润质朴、深情委婉
23 《空灵之声》纯洁的美
24 《忆起童年玩伴》令你回味不倦
25 《拉德斯基进行曲》阵阵奋进的节奏
26 《平湖秋月色》很柔和的乐曲
27 《妈咪给宝宝的爱》宝宝最爱听哦
28 《风之旅程》胎教音乐之水晶特荐
29 《绿野仙踪》你会感动

30 《宝宝生之喜悦》天使般清澈

31 《吉他大提琴合奏曲》宁静、温馨感人

32 《春天在哪里》活泼快乐

33 《我们的田野》感受田野的美景

34 《乡村路引我回家》节奏轻快

35 《降B小调第一钢琴协奏曲》柴可夫斯基

36 《快乐的农夫》舒曼

37 《抒情圣笛五重奏》优美动人

38 《华尔兹舞曲》柴可夫斯基

39 《轻风吹，相留醉》来自苏格兰的纯音乐

40 《D小调双提琴协奏曲》平缓的氛围

41 《童话》宁静和温馨感人

42 《舒悦开心的笑》宁静优美

43 《天使爱宝贝》为胎宝宝量身定做

44 《神气的小宝贝》充满着活泼与希望

45 《罗密欧与朱丽叶》舒缓安静

46 《柔和的风》浪漫动听

47 《外婆的澎湖湾》一片海蓝蓝

48 《田园》第三乐章主题

49 《春色如歌》使大地变得生机勃勃

50 《风的颜色》风的世界一定是色彩纷呈的

51 《真的好想你》无限爱意在其中

52 《少女的祈愿》在单纯中显出亲切、柔美

53 《十八相送》梁祝越剧

54 《美妙的仙境》充满母爱

55 《睡在妈妈的怀抱》我的宝宝，快快睡觉……

56 《当宝宝降生时》柔缓、深情

57 《天鹅之歌》大提琴演奏马友友

58 《优美的摇篮曲》陪伴宝宝入睡

59 《恬静摇篮曲》真挚的母爱轻轻唱

60 《夫妻双双把家还》黄梅戏

61 《柔柔月光曲》月光下最美的事

62 《亮晶晶》一闪一闪亮晶晶

63 《妈咪的怀里》宁静、优美

64 《甜蜜蜜》好像花儿开在春风里

65 《轻轻摇篮曲》安静地睡吧、睡吧……

66 《天真好无邪》天使宝贝

67 《深山里的摇篮曲》温暖人心

68 《小夜曲》舒伯特优美、典雅……

69 《宝宝爱妈咪》天使宝贝系列

70 《森林、白天的鸟》鸟叫声和远处的小溪

71 《四小天鹅舞曲》刚健活泼

72 《风儿吹起航帆》委婉动人的曲调

73 《宝宝七步歌》1234567

74 《花之圆舞曲》柴可夫斯基

75 《梦幻曲》小提琴演奏

76 《小小兰花草》温馨动听

77 《宝宝启蒙韵律口诀歌》好唱易记

78 《轻盈的雨花石》仿佛回到儿时嬉戏的场景

79 《给宝宝无限的祝福》妈咪的爱

80 《走在乡间的小路上》牧童的歌声在荡漾

81 《水乡香风》情不自禁闭上双眼……

82 《春之声圆舞曲》西洋古典音乐

83 《小星星》儿歌外语版

84 《梁祝》缓缓流动的情丝意切

85 《淡淡晚风起》古筝演奏

86 《亲亲我的小宝贝》温馨的

87 《海边的夏天》钢琴演奏